# 아라의 당구홀릭 1

**아라의 당구홀릭 1**

© 아라 & 폴, 2013

**1판 1쇄 발행**__2013년 03월 25일
**1판 5쇄 발행**__2020년 08월 30일

**지은이**__아라 & 폴
**펴낸이**__홍정표

**펴낸곳**__글로벌콘텐츠
          등록__제 25100-2008-000024호

**공급처**__(주)글로벌콘텐츠출판그룹
     **대표**__홍정표  **이사**__김미미
     **편집**__김수아 권군오 홍명지 이상민  **기획·마케팅**__노경민 이종훈
     **주소**__서울특별시 강동구 풍성로 87-6
     **전화**__02-488-3280  **팩스**__02-488-3281
     **홈페이지**__www.gcbook.co.kr

값 14,000원
ISBN 978-89-93908-65-7  13690

·이 책은 본사와 저자의 허락 없이는 내용의 일부 또는 전체를 무단 전재나 복제, 광전자 매체 수록 등을 금합니다.
·잘못된 책은 구입처에서 바꾸어 드립니다.

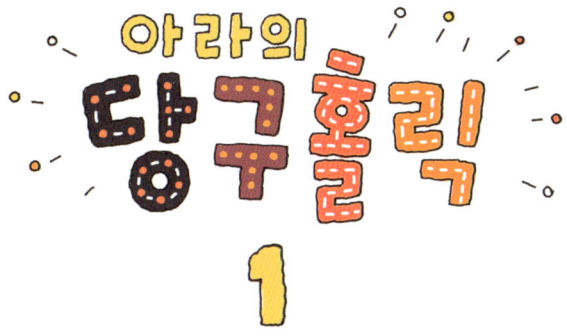

# 1

아라 & 폴 지음
김정규(전 국가대표 감독) 감수

**글로벌콘텐츠**

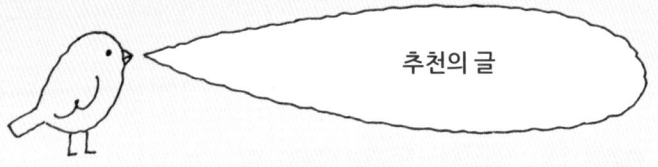

추천의 글

　먼저 당구라고 하는 스포츠에 감사의 뜻을 전하고 싶습니다. 저에게 당구란 마음을 넓게 만들어주었고, 생각의 깊이를 만들어주었으며, 새로운 목표를 가져다주었을 뿐만 아니라 지속적인 관심과 애정이 생기던 종목이었습니다. 이렇듯 지금도 저는 당구의 모든 면을 사랑하고 있습니다.
　저는 1984년 당구선수를 시작하여 당구의 경기력 향상에 매진하며 선수시절을 보냈고, 2009년 '경기지도자1급자격증'을 취득함과 동시에 태릉에서 당구 국가대표팀 코치직을 맡게 되었습니다. 현재 저는 당구를 가르치는 지도자로 또 다른 당구인의 삶을 살아가고 있습니다.
　생각해보니 과거 당구에 집중적으로 몰입하던 시기부터 현재 당구를 통하여 내가 이렇게 다른 사람들을 가르치는 지도자 과정에 접어들어 교육에 집중하기까지, 제대로 된 당구서적 한 권 보지도 못하고, 쉽게 구하기도 어려웠던 상황이 떠오릅니다. 선배들이 직접 입에서 입으로 전해주던 방식으로 당구의 기술을 습득했던 주먹구구식의 시절에 대해 못내 안타까운 생각이 듭니다.
　이러한 저에게『아라의 당구홀릭』이란 서적은 감흥을 일으킬 정도로 당구의 기초적인 기술을 매우 잘 수록해 놓았습니다. 모든 스포츠가 그러하듯 당구도 기초에서 출발해서, 기초로부터 성장하고, 기초에서 마무리가 된다고 할 수 있습니다. 이러한 측면에서 보았을 때 일러스트를 매개로 당구에 대한 접근을 쉽고 즐겁게해주는『아라의 당구홀릭』은 저를 포함하여 당구를 사랑하는 모든 이들의 아쉬움을 달래주기에 충분하다고 생각합니다.

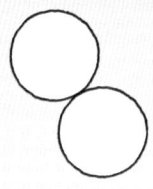

　끝으로 제가 처음 이 책을 접했을 때의 '반갑고, 즐겁고, 고마운' 그 느낌 그대로, 이 책을 보고 당구에 대한 기초 지식을 습득하고자 하시는 당구인들 역시도 똑같은 느낌을 받을 수 있을 것이라 생각합니다. 이러한 느낌들의 토대 속에서 『아라의 당구홀릭』에서 다루는 당구 기초기술들은 또 하나의 길잡이가 될 수 있을 것이라고 믿습니다. 매회 발전하는 아라의 당구기술처럼 모든 이들도 이 책을 통해 조금씩 발전해나갔으면 합니다. 『아라의 당구홀릭』의 계속된 발전을 기원합니다.
　감사합니다.

김정규

### 주요약력

| | |
|---|---|
| 1994 | SBS 최강전 우승 |
| 1998 | 방콕 아시안게임 3쿠션 동메달 |
| 1998 | 한국 지도자연합 한국을 빛낸 인물상 수상 |
| 2009~2010 | 당구 국가대표팀 코치 |
| 2009 | 대한당구연맹 지도자상 수상 |
| 2011 | 경기지도자1급 자격증 취득 - 당구부문 |
| 2012 | EBS 직업의세계-3쿠션 당구계의 1인자로 소개 |
| 2011~현재 | 김정규 당구스쿨 운영 |
| | 세계일보, 스포츠월드, 월간당구 등에 칼럼 기고 |
| | 3쿠션 국내대회 최다 우승기록 보유 |

차례

프롤로그 ····· 9

재미있는 공놀이 ····· 21

당구의 기본자세 ····· 35

스트로크와 샷!! ····· 65

당구의 숨겨진 비밀 ····· 95

올바른 연습방법 ····· 119

두께와 질량 ····· 143

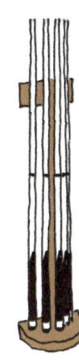

수학적 분리각의 정체!! ····· 175

가까운 거리에서
　45° 분리각 만들기 ····· 183

샷의 특성 ····· 195

밀어치기 샷과 큐볼의 운동량 ····· 207

따라가다 ····· 217

어떤 형태로 움직일까? ····· 255

프롤로그

오랜만에 친구들을
만났나 보다.

페이스트리의 노릇노릇한 빛깔과
에그 타르트의 달콤함에 도취된
그들의 끝날 것 같지 않던 수다는

얼마 후 싸늘한
점원의 눈빛에

쫓나고 만다.

드라마가 되려나보다.

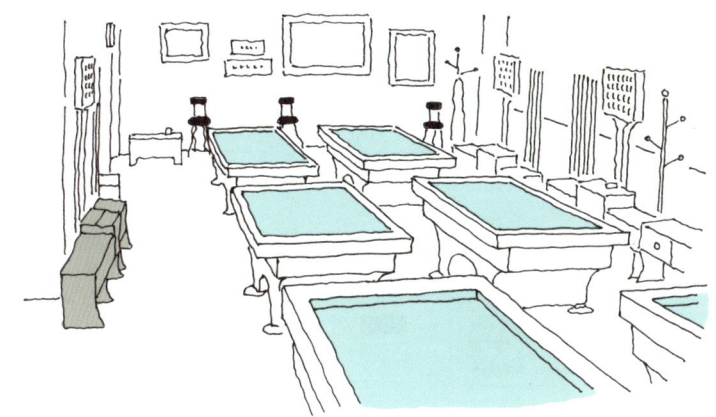

때마침 선반 위 앙증맞은 오디오에서는
낯익은 팝송 한 곡 슬금슬금 흘러 내리고

창가 옆 미니자판기는
중독성 강한 갈색물감을
토해낸다.

뭐가 그리 좋은지 부담스런 미소
귀에 걸고 총총히 홀을
가로지르는 그...

점수판의 주판알들로
미루어 박빙의 승부.

이런 게임은 저절로
눈이 돌아가는 법.

쟁반위의 커피는
차갑게 식어간다.

츠아압!!

아차!!

빽-

탁-

쿡!!

난생 처음 큐대를 잡아 본
찌질 3인방이었지.

# 1

## 재미있는 공놀이

통통 튀어 오르는 재미에
누구나 한번쯤 가지고 놀게 되는 공.

모양은 똑같아도

(물론 엉뚱한 모양들도 있다.)

놀이 방식은 전혀 다르다.

던지고 치기.

발로 차고
머리로 튕기기.

회전력을 이용한 받아치기.

문화의 다양성과 개인의 취향이 존중되는 시대에 맞추어 공놀이도 다양한 형태로 발전되어 왔던 것.

많은 이들이 운동 겸 취미생활로 한 두 가지쯤 공놀이를 즐긴다. 당연히 재밌어서기도 하겠지만...

일루미네이션으로 번쩍이는 도시 속의

부족한 운동도 해결하고

취미로도 즐길 수 있는
이것은 꿩 먹고 알 먹는 공놀이.

가을이면 어김없이
전국체전이 열린다.

태권도, 배드민턴, 복싱, 볼링, 사이클 등 무려 45가지의 종목들.

다양한 생활체육을 보급하고자 함이 주 목적.

그 중 유독 나의 눈길을 사로잡은 녀석이 하나 있는데

1. 재미있는 공놀이 29

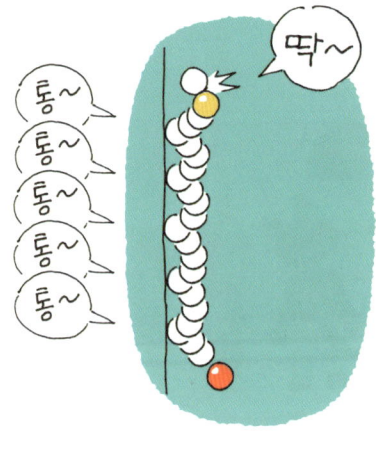

꽤 기대되는 녀석임에 틀림없다.

이러다 진짜 드라마 되는 거 아냐?

에이 설마~

# ② 당구의 기본 자세

당구는 크게 세 가지 종류로 나뉜다.

### 포켓볼 (pocket billard)

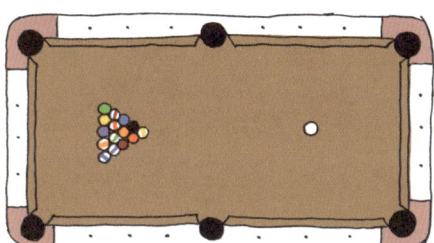

테이블 가장자리에 마련된 6개의 포켓에 볼을 집어넣는 방식이다. 아메리칸 빌리아드란 명칭으로도 불리며 미국에서는 풀(pool)이라고 한다. 대표적인 게임은 8볼게임과 9볼게임등이 있다.
최근 포켓10볼 경기가 신설되어 많은 인기를 얻고 있다.

### 캐럼 (carom)

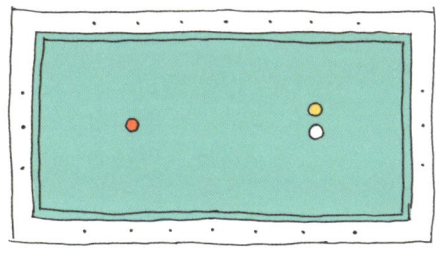

포켓이 없는 사각 테이블에서 이루어지는 모든 경기를 말한다.
몇 개의 공을 테이블 위에 놓고 수구로 적구를 맞히는 방식이다. 대표적인 게임은 4구와 3구등이 있다.

### 스누커 (snooker)

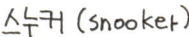

22개의 볼을 사용하며 테이블의 모양과 경기방식은 포켓볼과 비슷하다.

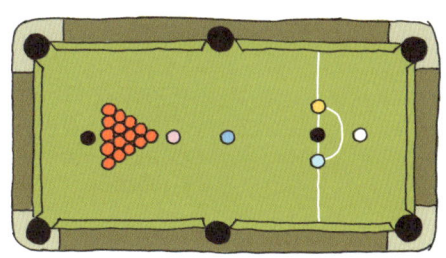

모든 운동에는 각각의 특성에 맞는 기본자세가 있다.

야구에서 타자가 타석에 설 때는
배트를 위로 번쩍 치켜든 채 서 있어야 한다.

그냥 우두커니 서있다가는

기본자세를 모르면 지금부터 배우면 되겠지만

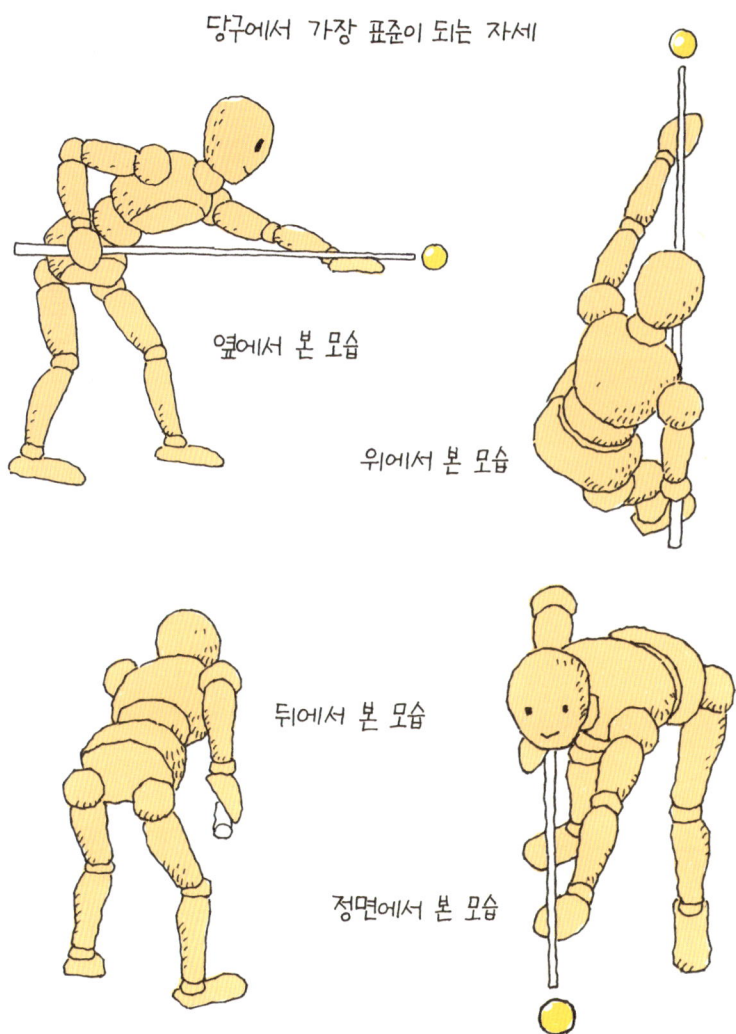

당구의 기본자세 뜯어보기

당구에서 가장 표준이 되는 자세

옆에서 본 모습

위에서 본 모습

뒤에서 본 모습

정면에서 본 모습

> 브리지 만드는 방법

① 먼저 손바닥을 활짝 펴서 당구대 바닥에 붙인다.

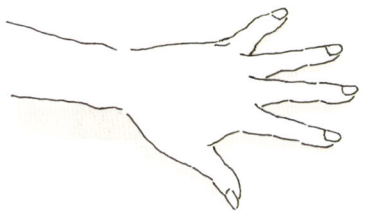

② 엄지손가락과 집게손가락을 바닥에서 떼어낸 뒤 가운데손가락을 화살표 방향으로 오므리듯 당겨준다.

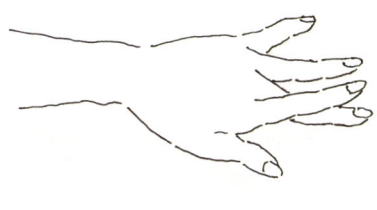

③ 엄지손가락을 가운데손가락 위에 얹는다.

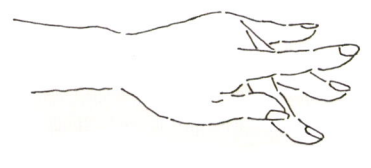

④ 그런 다음 큐를 엄지손가락과 집게손가락 사이에 끼운 후 집게손가락으로 감싸듯 말아준다.

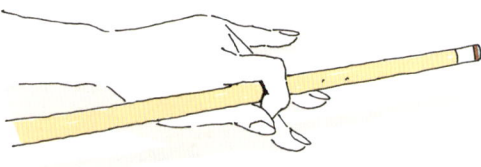

그 밖에 공의 배치에 따른 여러 가지 형태의 브리지가 있지만 우선은 기본자세 연습을 위한 기본 브리지만 마스터 해두자.

> 다양한 형태의 브리지

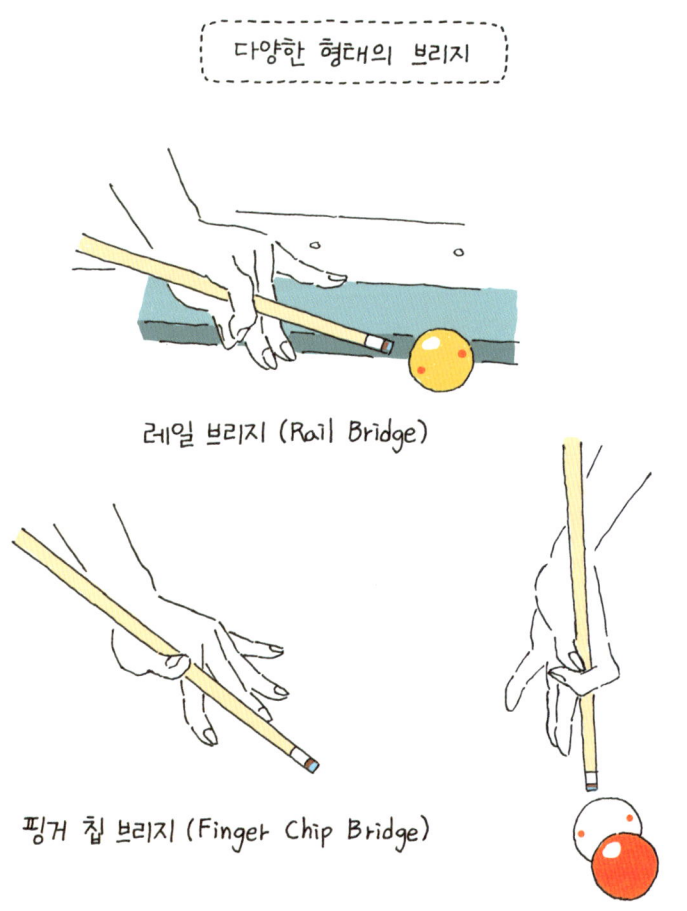

레일 브리지 (Rail Bridge)

핑거 칩 브리지 (Finger Chip Bridge)

마세 브리지 (Masse Bridge)

## 그립의 종류와 잡는 법

큐에는 기본적으로 무게중심점이 있다.
앞쪽은 상당히 가볍고 뒤쪽은 굉장히 무겁기 때문이다.

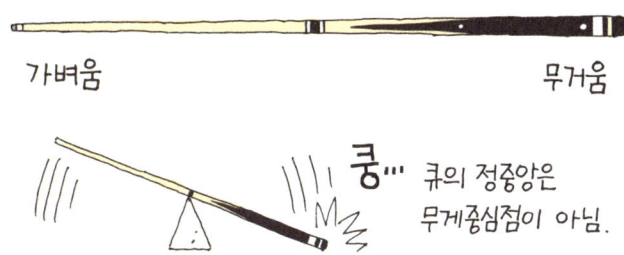

큐의 기본무게는 여러 가지이며 무게중심 또한 각기 다르다.

18온스 (510g)    19온스 (538g)    20온스 (567g)

우선은 자신이 사용하는 큐의
무게중심점부터 찾아보자.

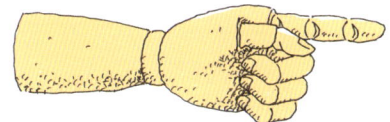

먼저 브리지 하는 손을 들어 그림처럼
집게손가락을 쭉 편다.

그런 다음 집게손가락 위에 큐를 얹는다.

이제 큐가 어느 한쪽으로 쏠리지 않도록 조금씩 움직여가며 무게중심점을 찾자.

찾았다, 찾았어, 우하하하~

심봉사가~

마침내 눈을 뜨는구나아~

장이야!!

그 위치에서 약 15cm 정도 뒤쪽으로 이동한 위치가 그립의 기본위치이다.

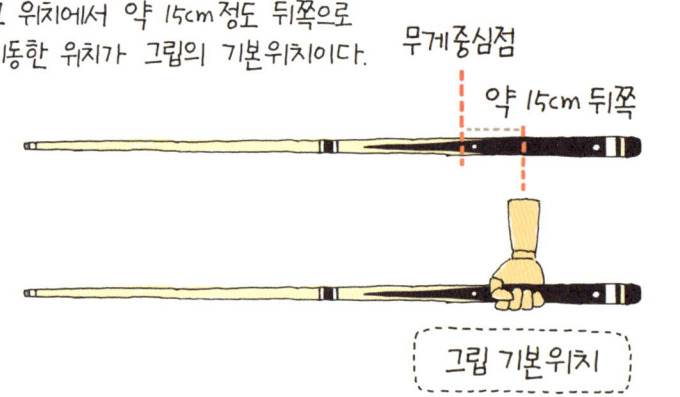

무게중심점

약 15cm 뒤쪽

그립 기본위치

## 그립의 종류

그립은 펌 그립(firm grip)과
루스 그립(Loose grip)이 있다.

펌 그립은 다섯 손가락 모두를 사용하여
큐를 빈틈없이 잡는 방법이고

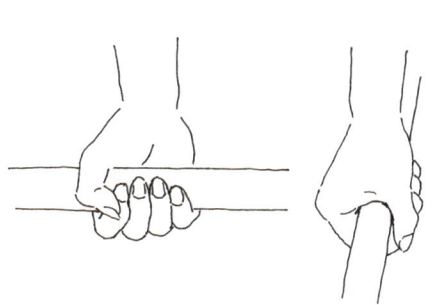

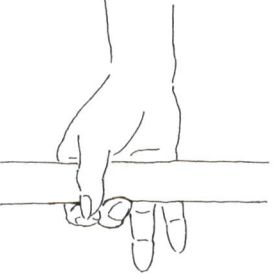

루스 그립은 세 손가락 정도만 사용하여
큐를 약간 헐겁게 잡는 방법이다.

두 가지 그립의 쓰임새가 다르기 때문에 모두 익혀 두어야겠지만
우선은 가장 기본이 되는 펌 그립부터 익혀두자.

## 펌 그립 잡는 법

펌 그립은 다섯 손가락 모두를 사용하여
큐를 빈틈없이 잡는 것이 포인트.

① 큐를 엄지손가락과 손바닥 사이에 끼운다.

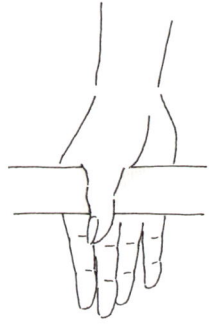

② 엄지손가락은 그냥 두고 네 손가락으로
부드럽게 감싼다.

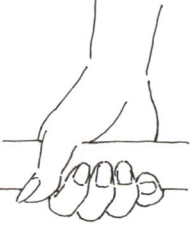

③ 엄지손가락을 가만히 오므려준다.

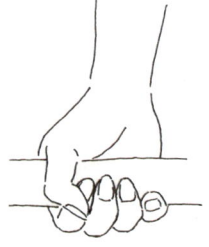

너무 단단하게 움켜잡으면 안 되고
병아리를 감싸듯 손에 힘을 빼고
가볍게 쥐어 준다.

살며시~

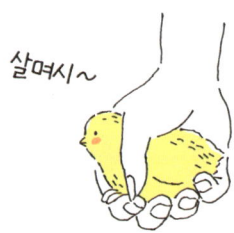

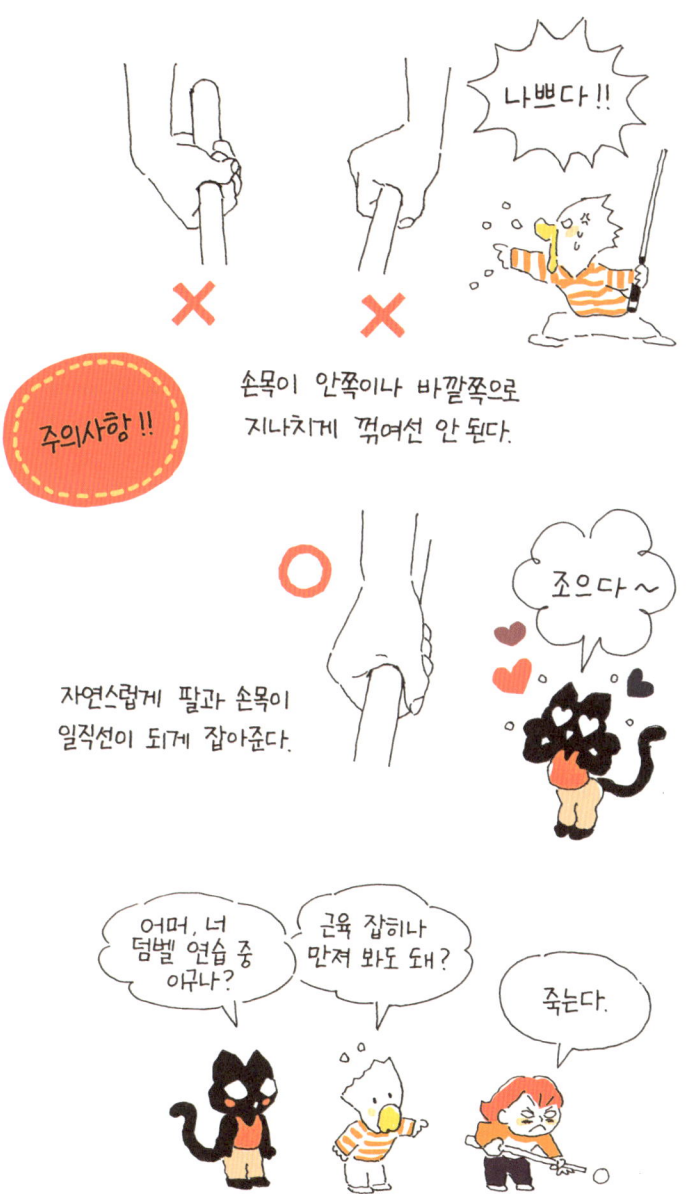

### 스탠스 잡는 법

스탠스는 두 가지 방법이 있다.

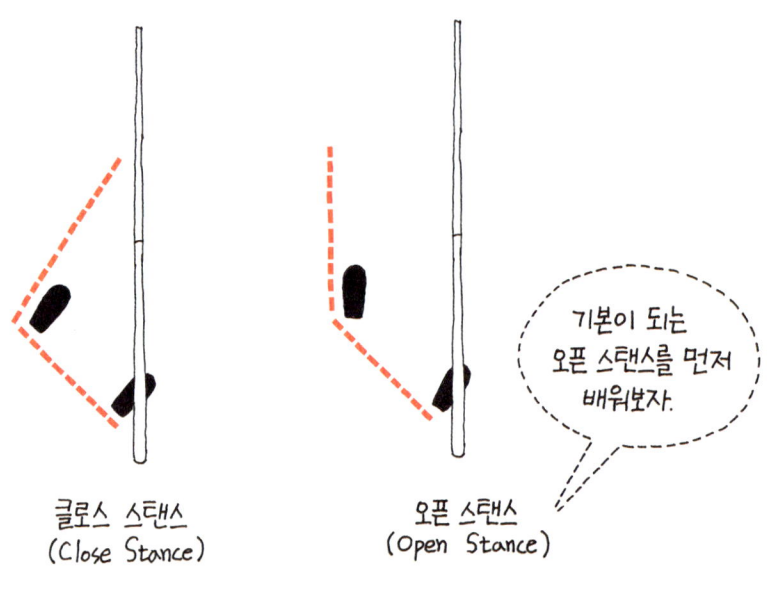

클로스 스탠스
(Close Stance)

오픈 스탠스
(Open Stance)

기본이 되는 오픈 스탠스를 먼저 배워보자.

① 치고자하는 공의 앞쪽으로 큐를 테이블에 걸치듯 놓는다.

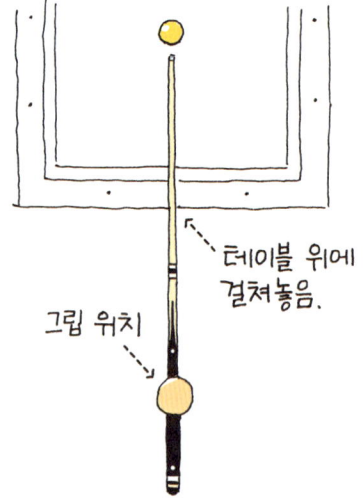

테이블 위에 걸쳐놓음.

그립 위치

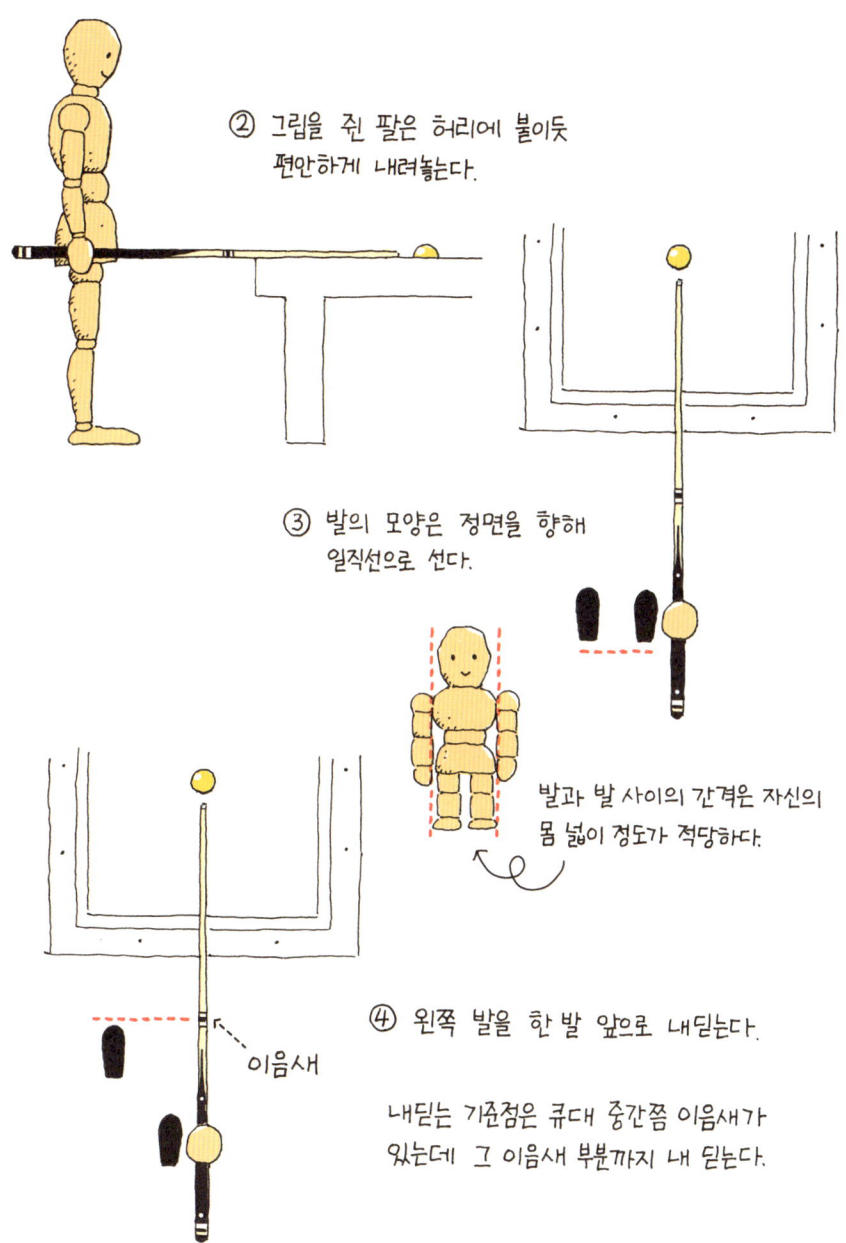

> 기본자세 본격 길라잡이!!

① 치고자 하는 공을 바라본다.

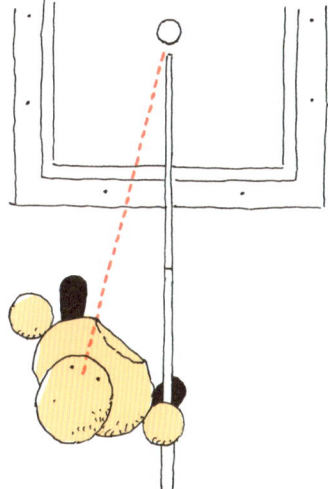

② 시선을 유지한 상태에서 약 45° 정도 몸을 숙여준다.

척추는 휘어짐 없이 곧게 편다.

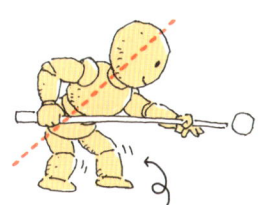

이때 두 발의 무릎은 살짝 굽혀준다.

곱등이냐?

③ 왼손을 곧게 뻗어 브리지를 만든다.

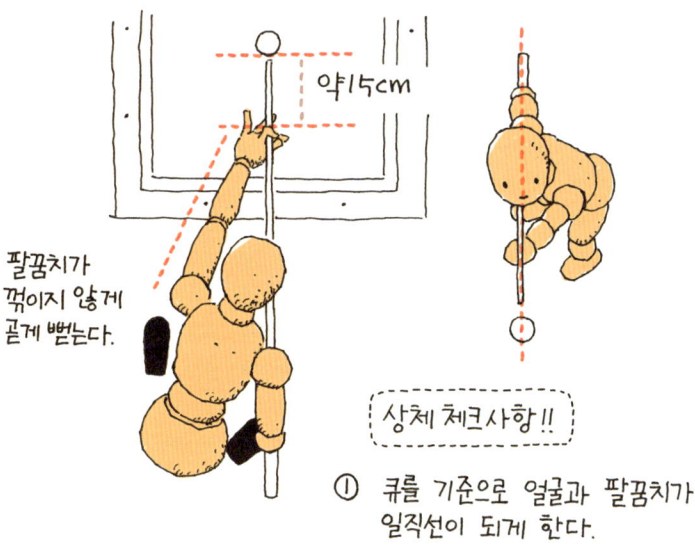

팔꿈치가 꺾이지 않게 곧게 뻗는다.

상체 체크사항!!

① 큐를 기준으로 얼굴과 팔꿈치가 일직선이 되게 한다.

② 코 선에 큐를 위치시킨다.

몸을 숙일 때 엉덩이 부분을 뒤쪽으로 빼면서 자세를 잡으면 좀 더 편하다.

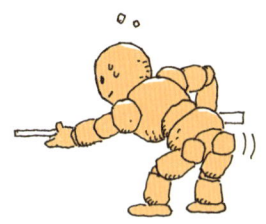

이자식이 아까부터 엉덩이를 어따 디미는데??

클로스 스탠스와 오픈 스탠스의 차이점은??

달랑 한 가지뿐이다.

앞쪽으로 내딛은 발의 각도이다.

작은 차이 같지만 고점자의 경우 앞쪽 발의 각도를 변화시켜 다양한 구질을 만들어 내기도 한다.

클로스 스탠스의 장점에 대한 내용은 일단 뒤로 미뤄두고 가장 큰 단점 하나를 짚어보자면

앞쪽 발의 각도를 안쪽으로 꺾기 때문에 몸 역시 오픈 스탠스 때보다 조금 더 안 쪽으로 틀어진다.

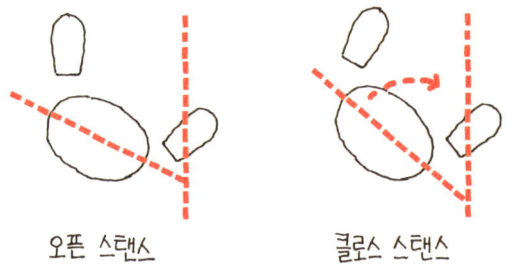

오픈 스탠스　　　　　클로스 스탠스

몸이 안쪽으로 쏠리게 되면 얼굴각도 또한 틀어지게 되어 큐와 직각을 유지하기가 어려워진다.

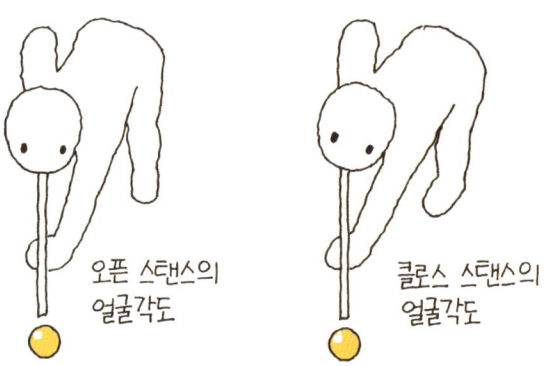

오픈 스탠스의 얼굴각도　　　클로스 스탠스의 얼굴각도

이것은 정확한 두께와 당점을 구사하는데 큰 약점으로 작용한다. 때문에 클로스 스탠스는 초심자에게 적합하지 않다.

오픈 스탠스의 장점은 몸의 방향이 큐볼을 주시하는 얼굴각도에 거의 영향을 주지 않기 때문에 정확한 두께설정과 당점을 구사하는데 훨씬 유리하다.

포인트!!

얼굴이 큐 위쪽에 직각으로 위치할수록 두께와 당점을 바라보는 시선이 보다 정확해진다.

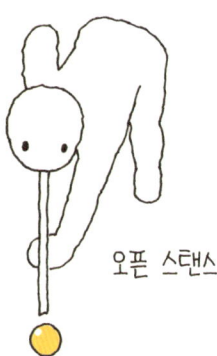

오픈 스탠스

우리만을 위한 완전 맞춤형이랄까!!!

여유를 가지고 오픈 스탠스부터 확실하게 익혀두자.

오오~
클로스 스탠스~

닥쳐!!!

# 스트로크와 샷!!

# 

༺ 스트로크(Stroke) ༻

운동 겸 취미생활로 즐기는 생활스포츠

야구

테니스

탁구

스쿼시

이 녀석들의 공통점은

무서운 속도로 공이 날아든다.

가장 큰 차이점은

공이 정지해 있다는 것.

### 당점과 겨냥방법

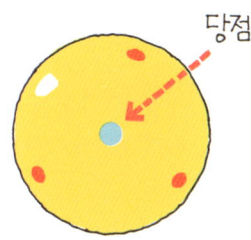

스트로크를 시작하기에 앞서 가장 먼저 알아 둬야 할 것은 당점이다.

당점이란 큐와 큐볼이 만나는 지점을 말한다.

그림처럼 큐와 큐볼이 만났다면 이 지점이 당점이 된다.

당점은 처음부터 정해져 있는 것이 아니며 공의 배치에 따라 매번 다시 찾아내야 하는 아주 징글징글한 녀석이다.

잭 스페로우의 청춘의 샘 찾기보다 조금 더 어렵다.

그래서일까...

### 올바른 겨냥방법

스트로크를 시작하기위해서는 당점을 정확하게 겨냥하는 것이 무엇보다 중요하다.

큐볼의 정중앙을 당점으로 잡았다면 준비자세에서 큐를 최대한 당점 가까이에 붙이는 것이 좋다.

약 5mm 정도면 적당하다.

큐 끝이 당점에서 1cm이상 떨어진 상태로 겨냥하게 되면 어떻게 될까?

기본자세에서 시선의 위치는 큐보다 한참 위쪽에 있다.

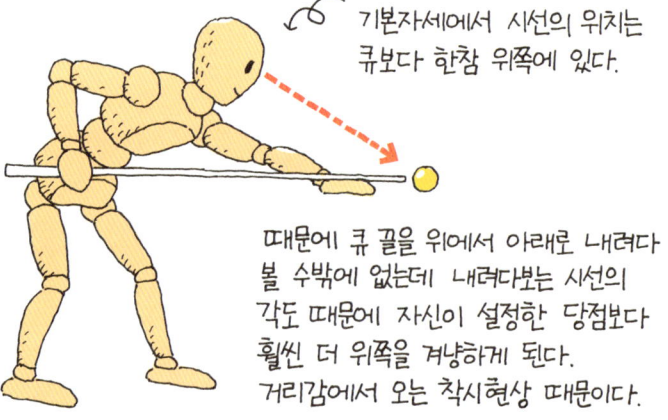

때문에 큐 끝을 위에서 아래로 내려다 볼 수밖에 없는데 내려다보는 시선의 각도 때문에 자신이 설정한 당점보다 훨씬 더 위쪽을 겨냥하게 된다.
거리감에서 오는 착시현상 때문이다.

초심자에게 큐 끝을 당점 가까이에 붙이기란
사실 두려운 문제이다.

조금만 미스해도 큐볼을 건드려버리기 때문이다.

미치는 꼴 보고 싶냐!!

그렇다고 적당히 떨어뜨려 당점을 잡다보면
그것은 결국 습관이 되어 올바른 당점구사를
한 번도 못해보고 당구를 쫑내고 만다.
당구실력이 늘지 않기 때문이다.

당근주스~

"당"자도 꺼내지 말랬지!!!

이것은 비극이다.

연습에 복습을 더해 반드시 극복해야 할
첫 번째 언덕이다.

## 백스윙 (Back Swing)

올바른 스트로크를 하려면 먼저 백스윙이 정확해야 한다.

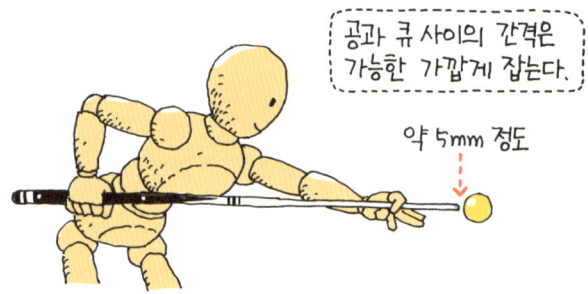

공과 큐 사이의 간격은 가능한 가깝게 잡는다.

약 5mm 정도

① 기본자세에서 큐를 뒤쪽으로 천천히 끌어당긴다.

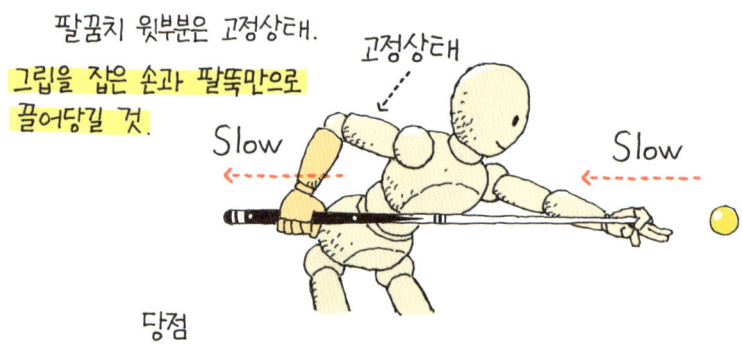

팔꿈치 윗부분은 고정상태.

고정상태

그립을 잡은 손과 팔뚝만으로 끌어당길 것.

Slow  Slow

당점

스트로크가 웬만큼 익숙해 질 때까지 큐볼의 당점은 무조건 정 중앙으로 잡자.

큐볼(Cue ball): 자신이 쳐야하는 공을 말한다.

② 브리지를 한 손의 집게손가락에 큐 끝이 닿을만큼 끌어당긴다.

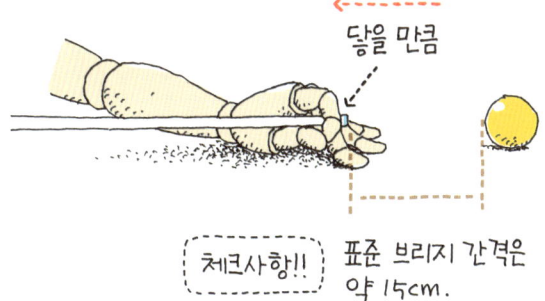

체크사항!! 표준 브리지 간격은 약 15cm.

③ 다시 처음 위치까지 큐를 전진시킨다.

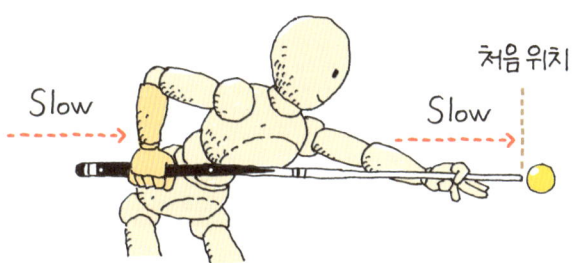

①~③번의 단계를 3~5회 정도 반복해 준다.

이 과정을 예비 스트로크라고 하며 그립의 긴장감을 풀고 리듬감을 살리기 위해서이다.

TIP!!

백스윙시 마음속으로 숫자를 세면서 리듬을 타면 더욱 좋다.

하나~ 둘~ 셋~ 넷~

3. 스트로크와 샷!! 85

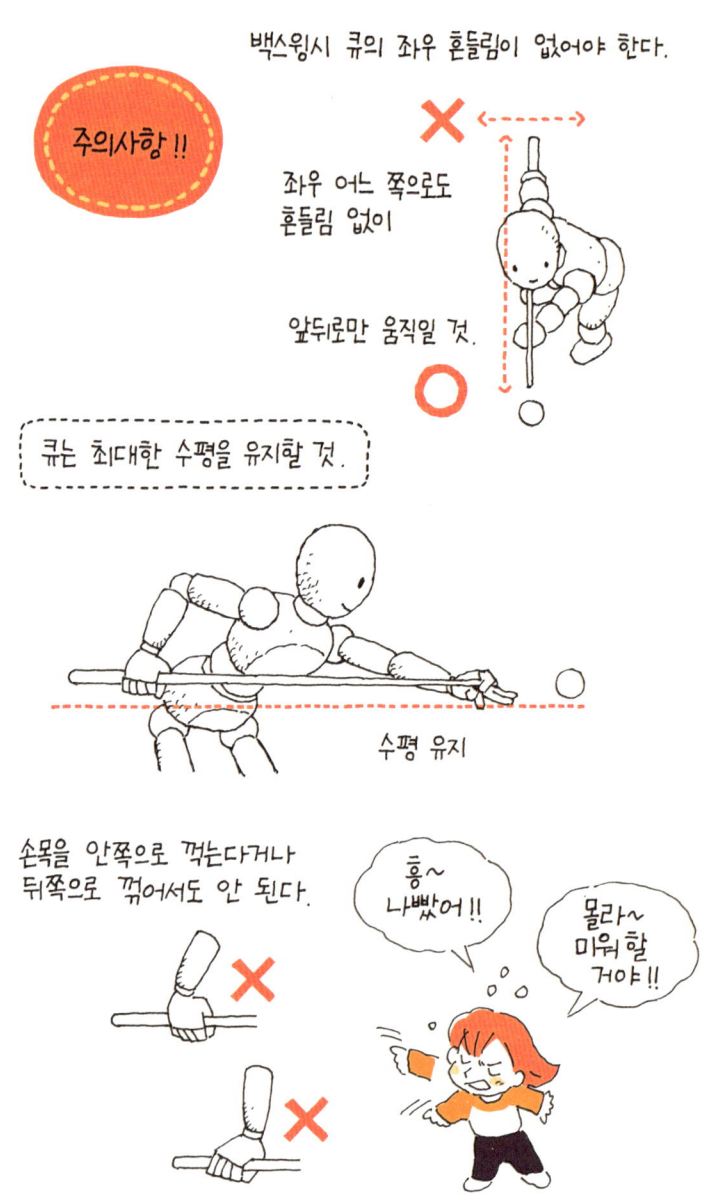

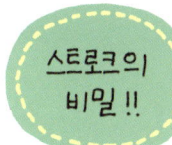 팔의 구조적 특성상 백스윙시 어쩔 수 없이 큐의 뒤쪽이 살짝 들리게 된다.

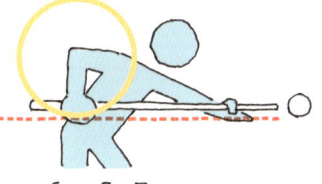

회전축 관계

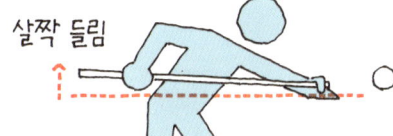

살짝 들림

완벽한 수평이동은 사실 불가능하다는 것.

이때 최대한 들리지 않게 하는 방법이 올바른 스트로크 속에 숨어있다.

① 백스윙 전 그립모양.

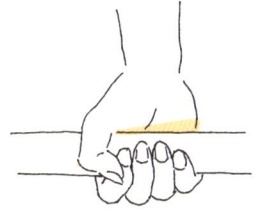

포인트 ① 모든 손가락이 가지런히 오므려진 상태.

포인트 ② 손바닥 전체로 큐를 감싼 상태.

② 백스윙이 진행될 때의 그립모양.

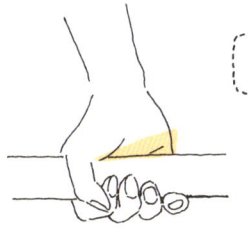

포인트 ① 새끼손가락이 살짝 펴진다.

포인트 ② 그립을 쥔 손바닥 뒷부분이 조금 떨어진다.

③ 백스윙의 정점에 다다랐을 때의 그립모양.

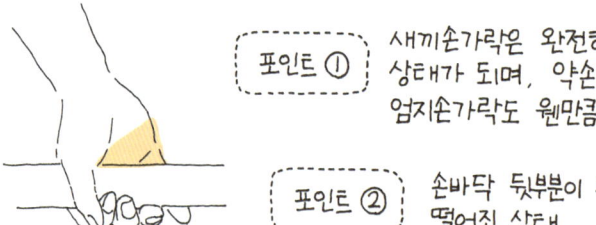

포인트 ① 새끼손가락은 완전히 펴진 상태가 되며, 약손가락과 엄지손가락도 웬만큼 펴진다.

포인트 ② 손바닥 뒷부분이 완전히 떨어진 상태.

④ 큐를 다시 앞쪽으로 전진시킬 때는 그립의 모양을 역순으로 잡아준다.

③  ②  ①

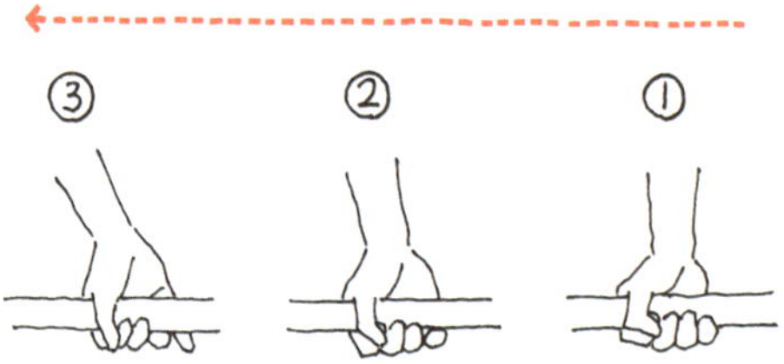

포인트 ① 펴진 손가락들을 다시 살짝 오므려준다.

포인트 ② 자연스럽게 원래의 펌그립 형태를 취한다.

백스윙시 이처럼 뒤쪽손가락부터 차례대로 펴지며 손바닥도 떨어지게 되는데

큐 무게 때문에 생기는 자연스러운 현상.

스트로크 될 때까지 짜장면 없다.

당구는 짜장면 먹으면서 치는 게 짱~

88 아라의 당구홀릭 1

### 리듬(Rhythm)

예비 스트로크를 웬만큼 익혀 두었다면 스트로크에 리듬감도 살릴 수 있지.

먼저 자신만의 리듬을 만들어 두자.

리듬을 잡을 때는 백스윙의 시작점에서부터 잡는 것 보다는 백스윙의 정점에서 원위치로 돌아올 때 잡아주는 게 좋다.

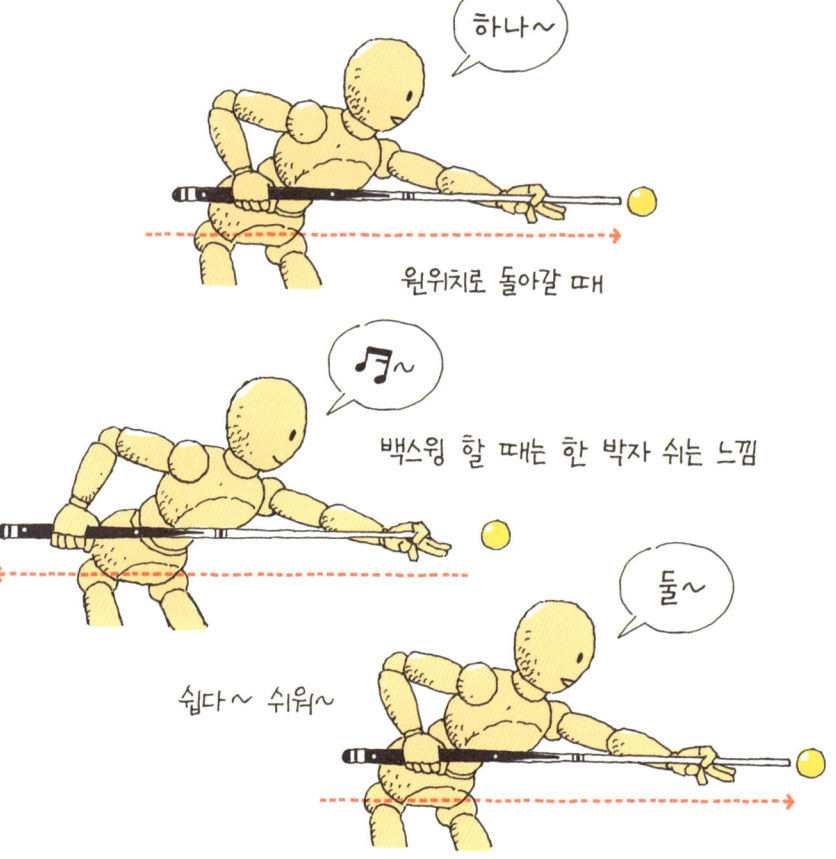

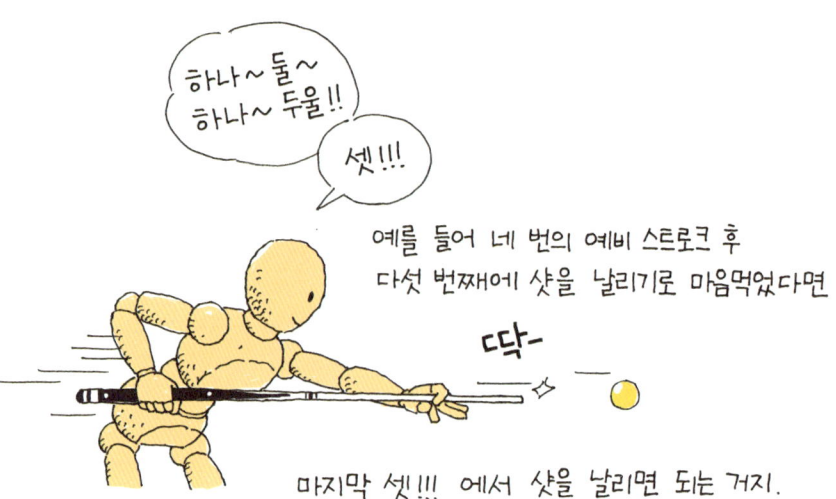

**포인트** 일시 정지라고 해서 스톱모션처럼 동작자체를 멈추는 것이 아니다. 그네 밀어주기에서와 같이 큐를 밀어내기위해 운동감각을 집중시키는 순간이며 완전한 샷의 시작인 것이다.

**TIP!!** 당구의 샷은 친다는 느낌보다 밀어준다는 느낌에 더 가깝다.

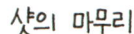
샷의 마무리

동네 꼬마 녀석 그네 밀어주기

밀다가 그만두면 그네의 움직임은 틀어져 버리지.

마찬가지로 임펙트시 큐를 멈춰버리면 큐볼의 움직임도 둔해지기 마련.

아이참~ 얘 네들 아야 할까봐 세게 못 밀겠네?

울컥~

샷을 했을 때 큐의 최종 진행거리는

샷을 하기 전 큐의 위치

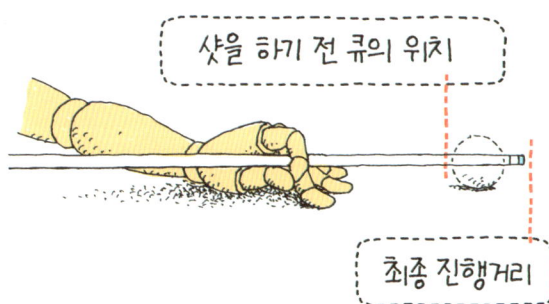

최종 진행거리

① 큐볼이 있던 자리보다 조금 더 앞쪽까지 진행한 뒤 가볍게 멈춰준다.

# 당구의 숨겨진 비밀

언젠가부터 내 머리속 공들의 이미지는
두 그룹으로 분리수납되었는데

그리고는 열심히 게임에 임하고 부지런히
카운터로 향한다.

이 문제는 결국 핸디가 어느 정도 올라가면서부터
커다란 문제점으로 다가오는데...

아마추어 4구 핸디 표.

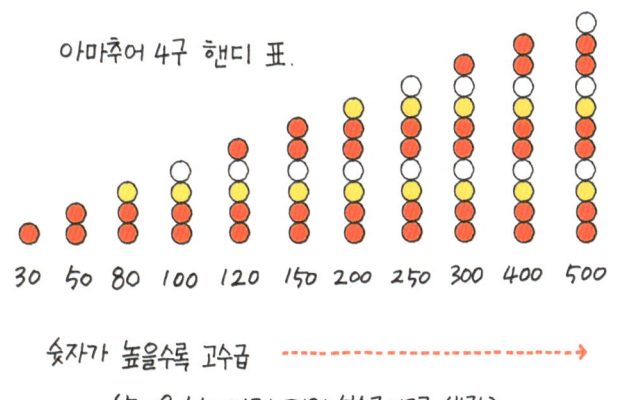

숫자가 높을수록 고수급 ----------->

(500을 넘어가면 거의 선수급이므로 생략)

골프공 단면도

고무줄

고탄성 꼬마 고무공

골프공 역시 고탄성 꼬마 고무공이 숨어있었는데

그러니까 이 녀석들은 아주 딱딱한 물체와 부딪쳤을 때 반응하도록 특화된 녀석들 이었던 것.

강한 임팩트시 믿을 수 없을 만큼 찌그러들면서 안쪽에 있는 고탄성 공이 반응하여 더욱 멀리 날아가게 된다.

음마리아사카리아당9고아갈라저르압!!

그럼 당구공은?

투캉~

당구공은 아무리 강하게 쳐도 절대 찌그러들지 않는다.

돌은 찌그러지지 않아. 그냥 깨지지.

잘 튕기지도 않는 돌덩어리를 무슨 재미로?

**당구의 숨겨진 비밀**

이쯤에서 당구의 숨겨진 비밀 하나를 꺼내자.

뻥!!

야구나 축구는 공 자체의 탄성력을 이용해 즐기는 놀이라면

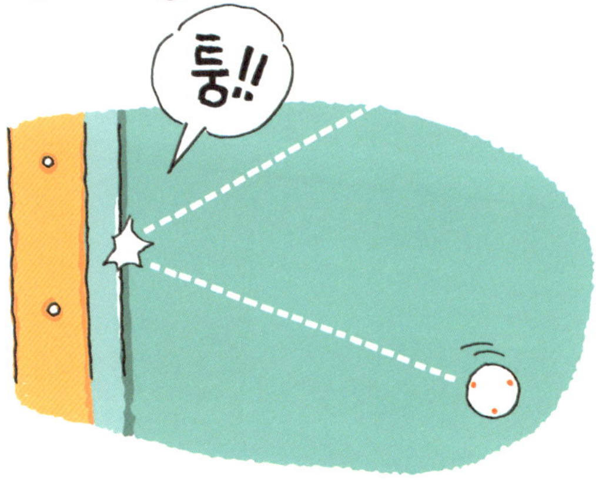

툭!!

당구는 그와는 정 반대로 공이 부딪히는 부분의 탄성력을 이용해 즐기는 놀이인 것.

4. 당구의 숨겨진 비밀  111

 쿠션 (Cushion)

비밀은 테이블에 있었다는!!!!

테이블 가장자리를 살펴보면 틀 안쪽으로 바닥천과 동일한 천으로 감싸진 부분이 있는데

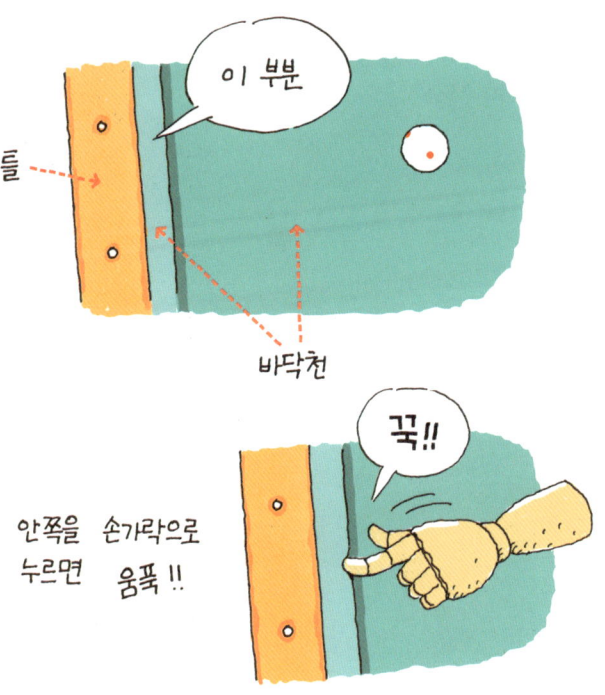

이 부분

틀

바닥천

안쪽을 손가락으로 누르면 움푹!!

꾹!!

손가락을 떼면 툥~ 하고 다시 원상태로!!

테이블 안쪽 전체에
고탄성 쿠션을 설치해

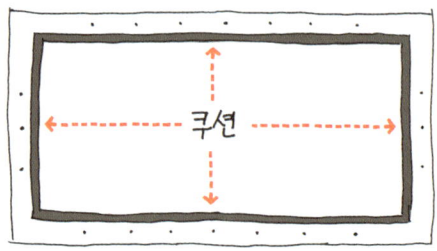

어느 방향으로 공을 보내도
튕겨져 나오게 만든 것이
당구테이블의 숨겨진 비밀.

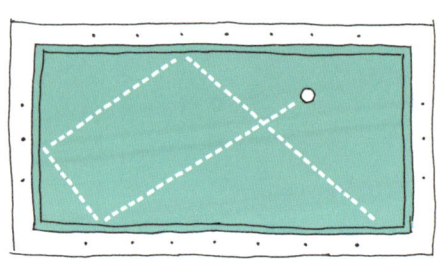

방법이 다를 뿐 당구 역시
테니스나 축구처럼 똑같이
튕기는 놀이.

그러니까 당구공은 세게 칠
필요가 전혀 없다는 얘기.

그것은 당구를 처음 배울 때 무조건 큐볼로 목적구를 맞추려고 하기 때문.

목적구란? 큐볼로 맞춰야 할 두 개의 공, 제1목적구, 제2목적구로 표시하며 첫 번째로 맞추는 볼이 제1목적구가 된다.

가뜩이나 스트로크도 불안하고 브리지도 제대로 안 잡히는 상태에서 제1목적구를 맞힌다는 것은 결코 쉽지 않아서

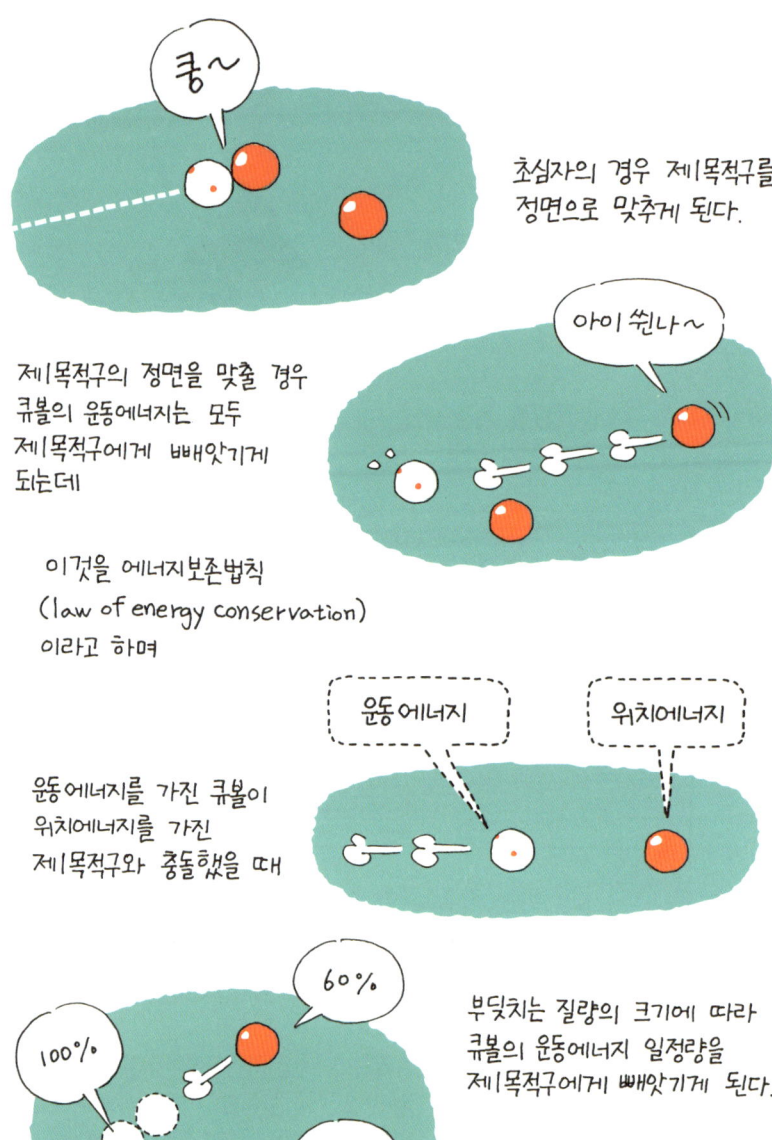

정면으로 충돌할 경우 큐볼은
그 자리에 멈춰 꼼짝도 않는다.

제 7의 감각 직관의 오류는 점점 더
커져만 가고…

## 올바른 연습방법

### 올바른 연습방법

먼저 테이블 위에 달랑 큐볼 한 개만을 준비한다.

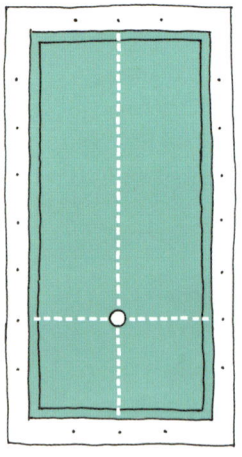

위쪽 단축 중간 포인트와 아래쪽 단축 중간 포인트, 장축의 밑에서 두 번째 포인트와의 연결선상 위에 큐볼을 놓는다.

> 장축, 단축이란?

쿠션이 설치된 안쪽을 기준으로 긴 쪽을 장축이라고 하며 짧은 쪽을 단축이라고 한다.

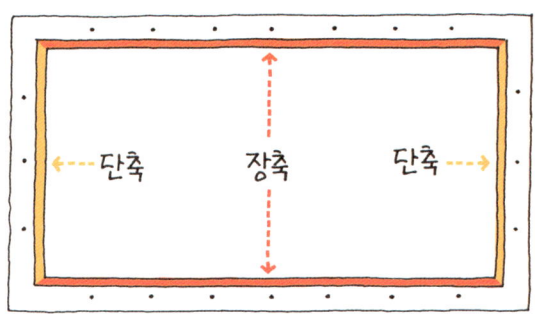

> 포인트란?

테이블 틀을 살펴보면 흰 점들이 빙 둘러 일정한 간격으로 찍혀 있는데 이것을 포인트라고 한다.

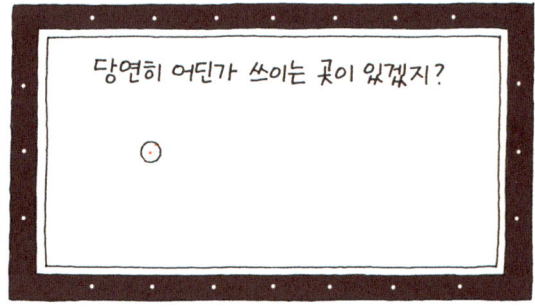

(당구대의 크기와 상관없이 포인트 개수는 동일함.)

당점은 큐볼의 정중앙으로 잡는다.

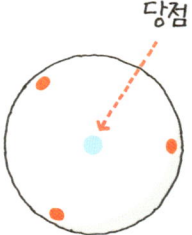

당점

당점을 어떻게 설정하느냐에 따라 회전력이라는 또 다른 힘을 큐볼에 실어 줄 수 있다.

**겨냥방법** 큐볼을 보내기 위해서는 먼저 목적한 포인트를 정확히 겨냥해야 하는데

큐의 끝 부분과 목적한 포인트 사이에 가상의 선을 그어 일치시켜 준다.

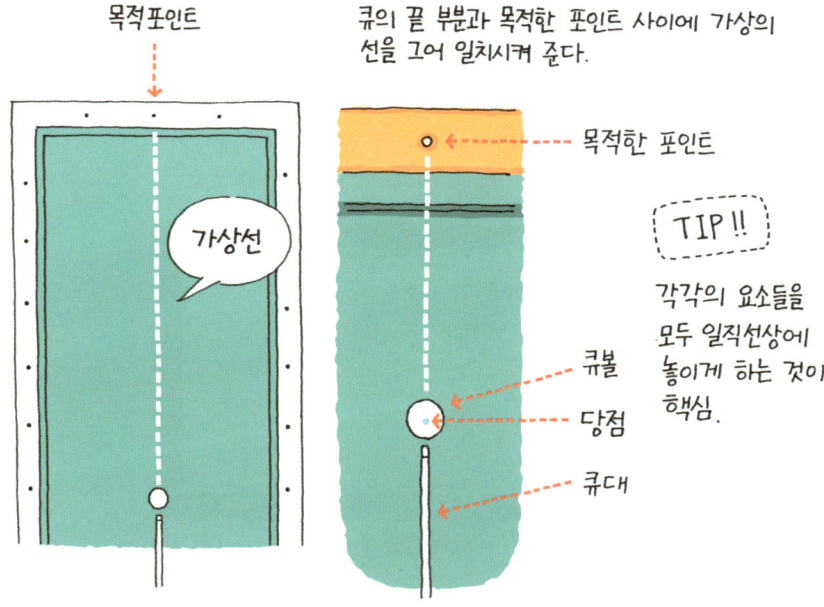

목적포인트

가상선

목적한 포인트

**TIP !!**

각각의 요소들을 모두 일직선상에 놓이게 하는 것이 핵심.

큐볼
당점
큐대

이제 설정해둔 가상선을 따라
적당한 세기로 큐볼을 보내보자.

목표점을 정확히 맞추었다면

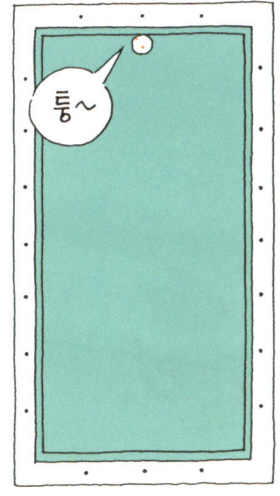

큐볼은 가상의 선을 따라
정확히 되돌아오게 된다.

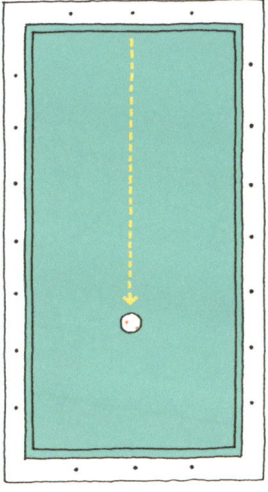

그런데 이것은 사실 생각보다 어렵다.

당점이 정 가운데에서 오른쪽이든 왼쪽이든
1mm 라도 치우치게 되면

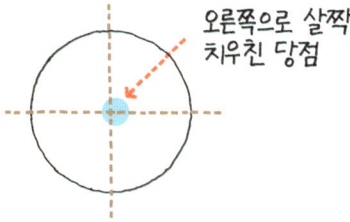

오른쪽으로 살짝 치우친 당점

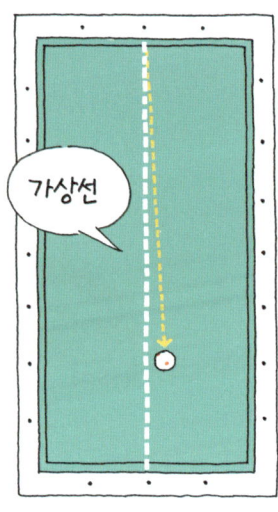

가상선

큐볼은 되돌아오면서 당점이 치우친
방향으로 쏠리게 되는데...

1mm의 오차이지만 공의 진행거리가 멀수록
점점 더 오차범위가 커지기 때문.

나... 당구에 소질 없나봐~

지랄~

처음엔 누구나 다 그러거든요~

그렇다고 절대 실망할 필요는 없음.
레이몽드 클루망도 처음엔 이랬을 걸?
(증거 불충분!!)

조금씩 옆쪽으로 오더라도 신경쓰지 말고 우선 살펴야 할 것은 되돌아오는 큐볼의 거리이다.

중간쯤에서 멈췄다면 샷이 너무 약한 것이고

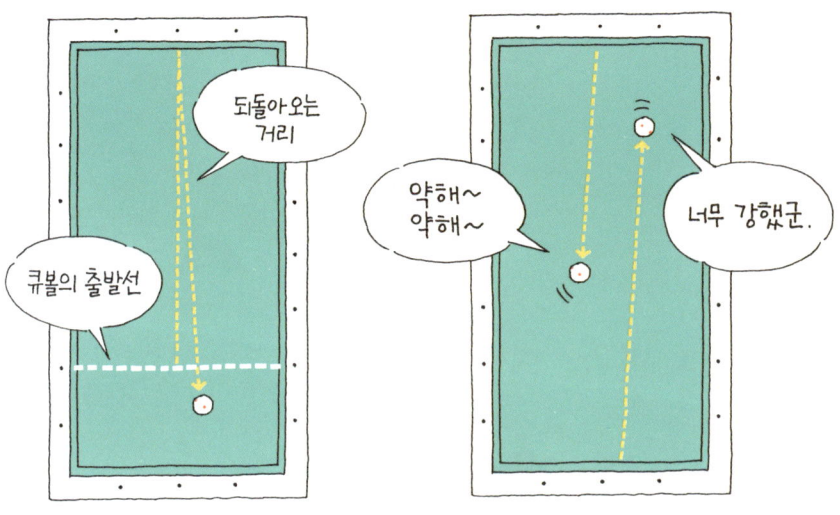

아래쪽 단축을 맞고 다시 위쪽 단축을 향해 신나게 올라간다면 샷이 지나치게 강하다는 것.

가장 무난한 샷의 세기는

> 포인트

위쪽 단축을 맞고 되돌아와 아래쪽 단축을 맞고 맨 처음 출발선까지 오면 적당.

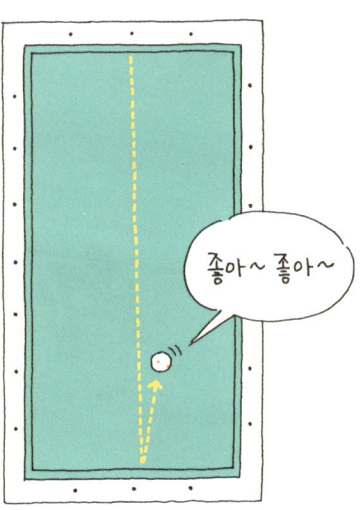

## 분리각 만들기

### 분리각이란?

큐볼로 제1목적구를 맞추게 되면 당구공의 탄성력에 의해 서로 다른 방향으로 갈라져 진행하게 되는데 이때 만들어지는 각을 분리각이라고 한다.

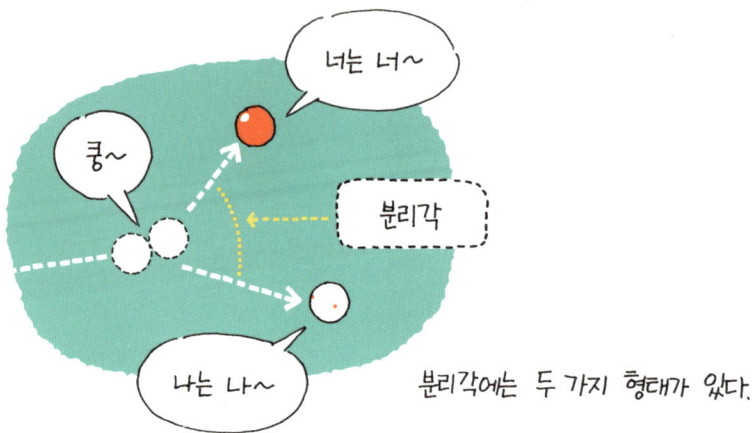

분리각에는 두 가지 형태가 있다.

정확한 물리법칙에 의한 이론적인 수학적 분리각과 당구 게임에서 접하게 되는 실전적 분리각이다.

### 수학적 분리각

크기와 무게, 그리고 탄성력이 똑같은 물체(당구공)가 부딪쳤을 때의 분리각은 90°.

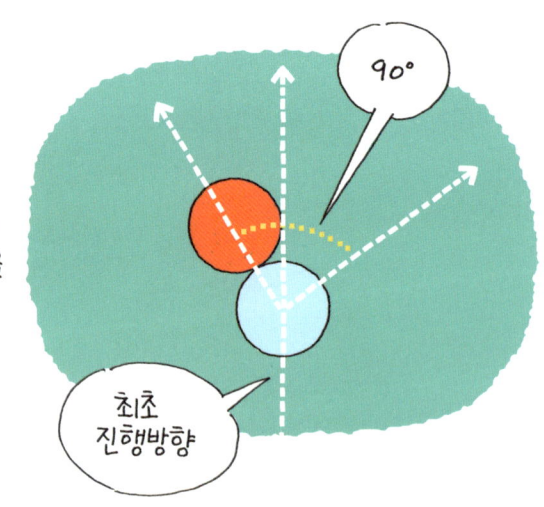

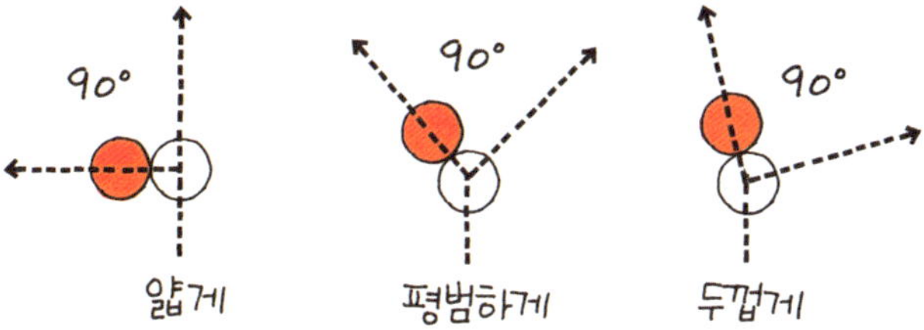

얇게  평범하게  두껍게

"어떻게 부딪쳐도 분리각은 90°로 같아요."

"그러나 이것은 수학적 분리각."

"실전에서는 전혀 달라요."

실전에서의 분리각은?

크기와 무게, 탄성력까지 똑 같지만 큐볼의 <mark>진행거리</mark>에 따른 관성력의 작용과

짧다.  길다.

(진행거리가 길면 길수록 관성력도 커짐.)

샷의 강약에 따라 마구잡이로 변한다.

뻑~
쑝~

각이 안 나와, 각이!!!!
당구공이 무슨 호박엿이냐??
칙~

이 부분에서 당구가 아주 조금 까다로워지는데

뭔가...
대책을 세워야겠지?
분리각 때려잡기!!

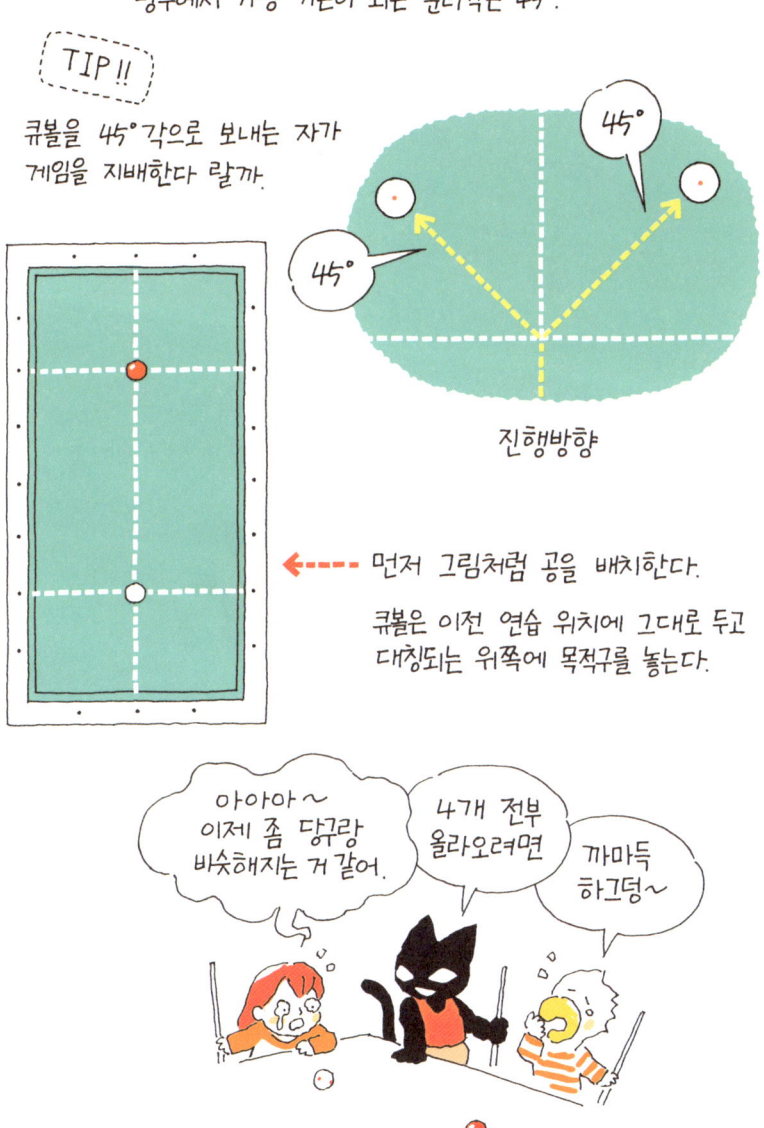

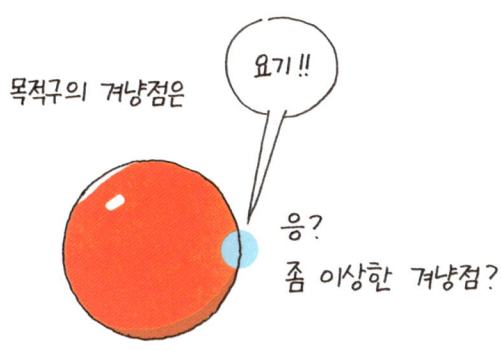

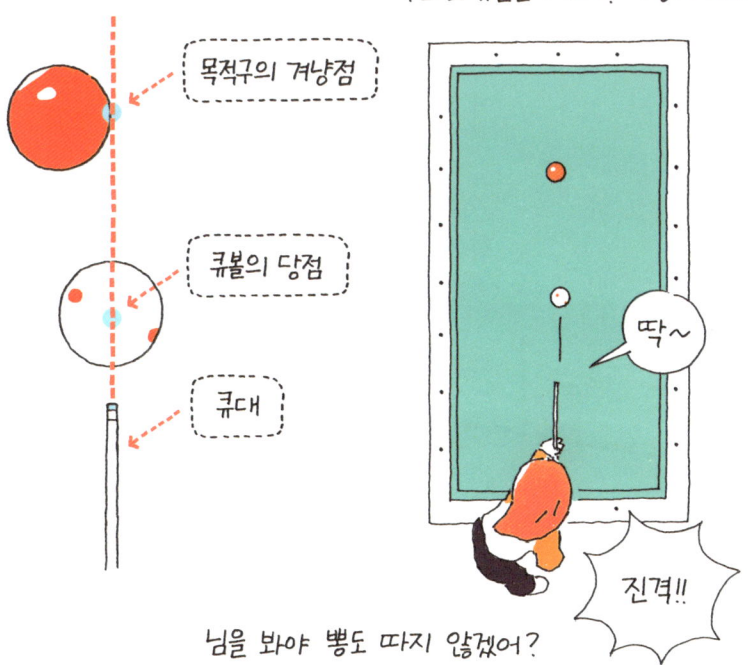

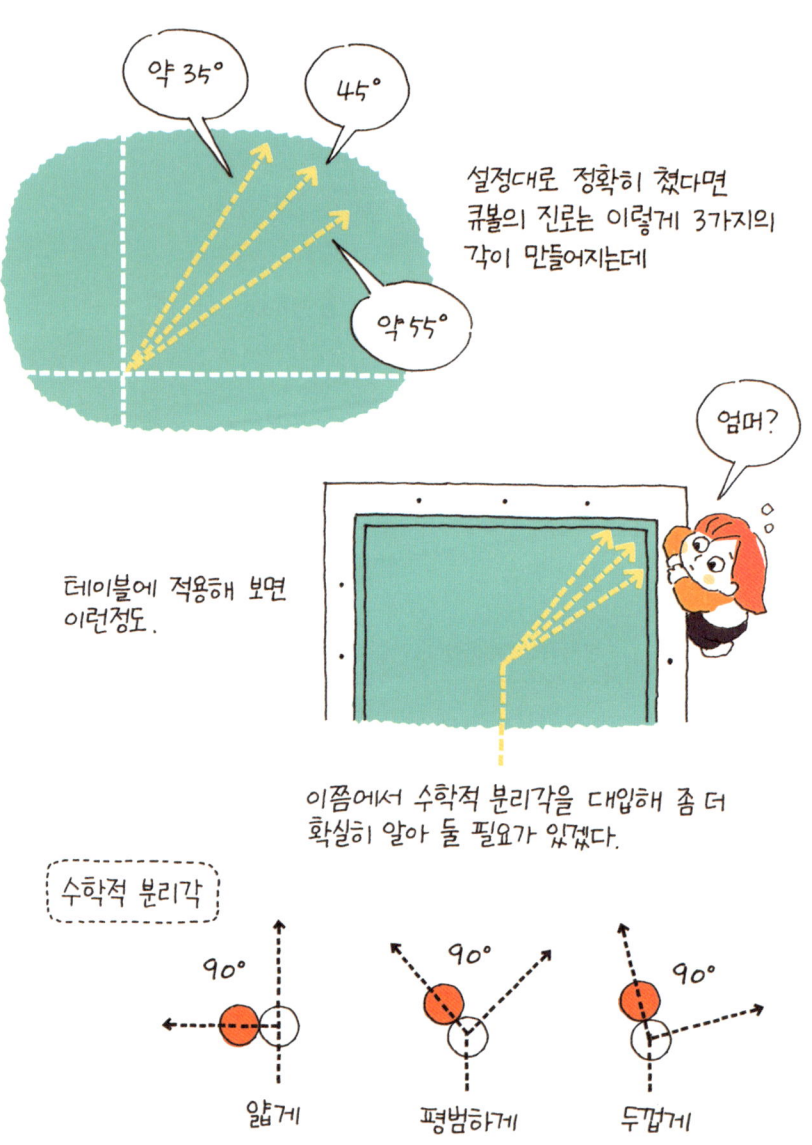

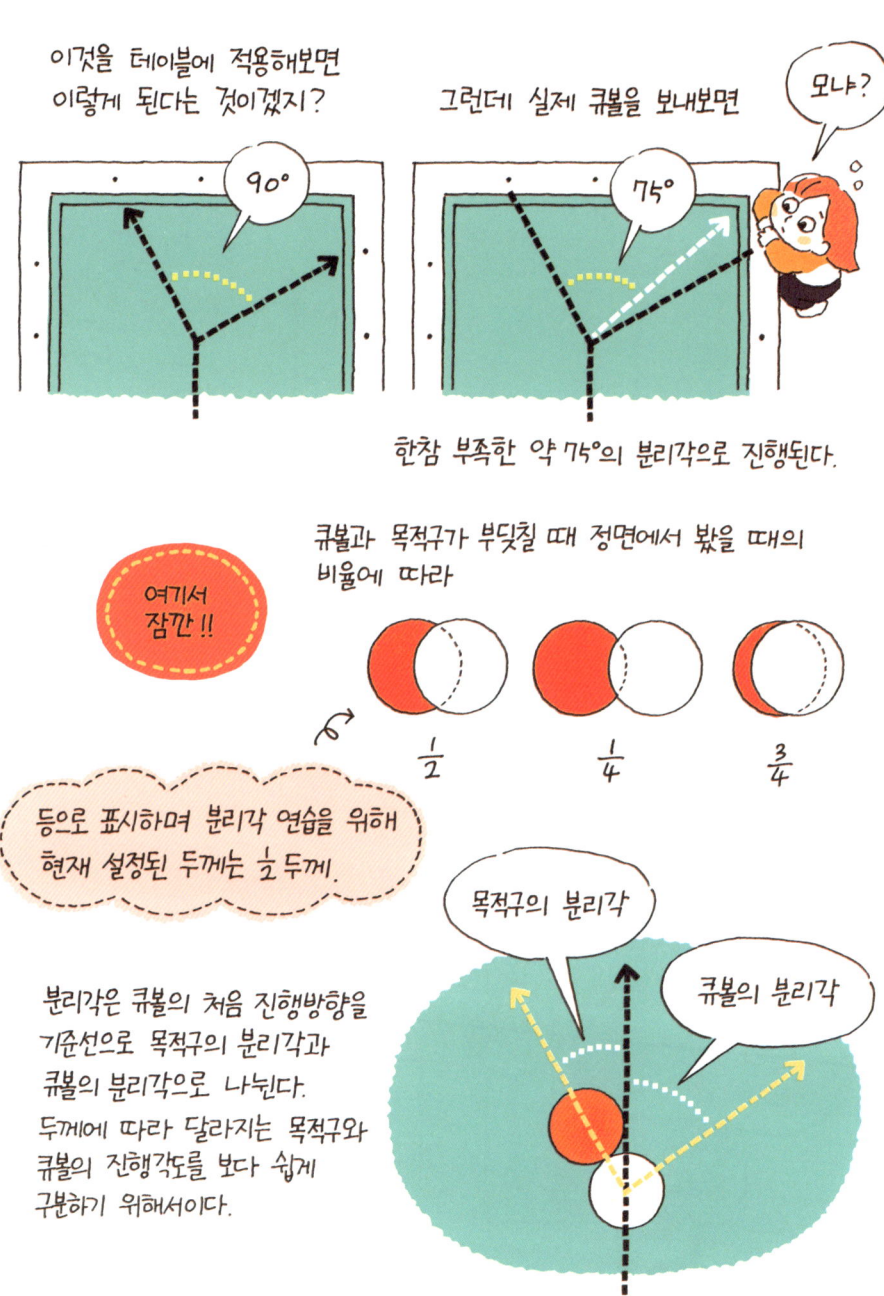

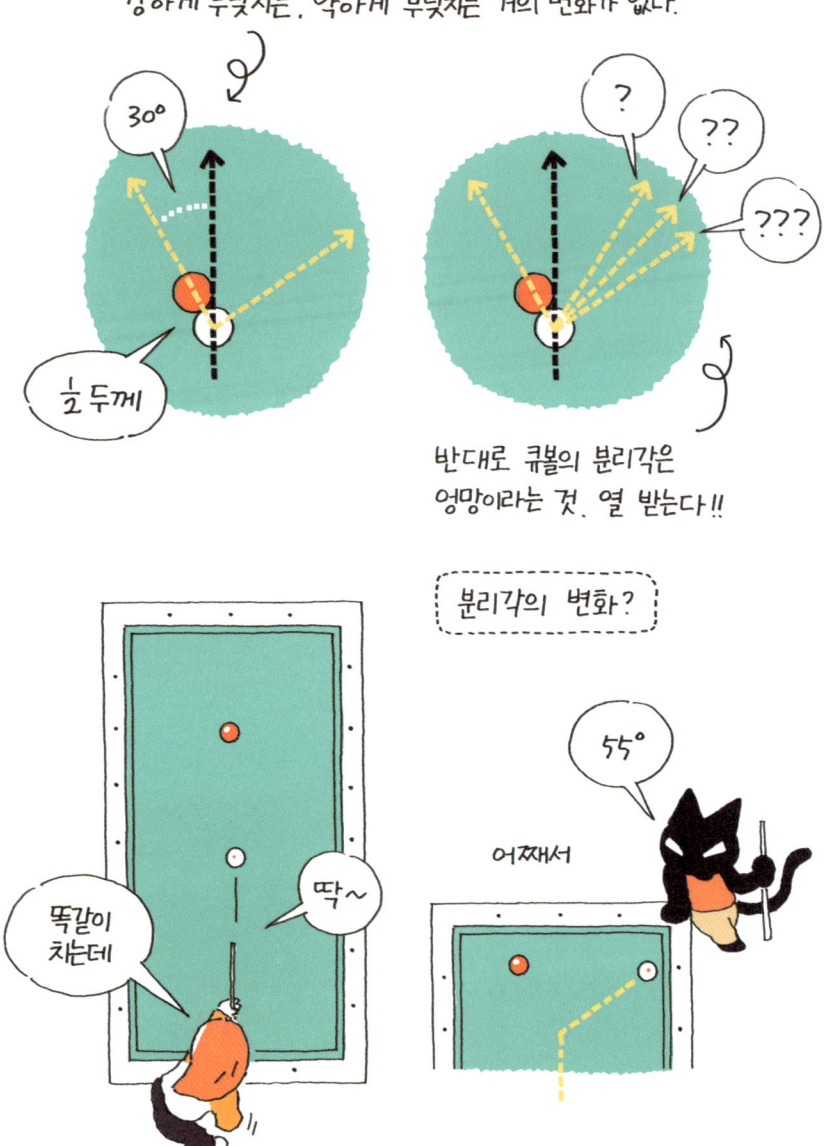

심장도 단련을

해줘야 하거든.

# 두께와 질량

평범한 타자가 휘두른 배트에 야구공이 걸리면

안타가 되지만

홈런타자가 휘두른 배트에 제대로 걸리면

여지없이 홈런이 된다.

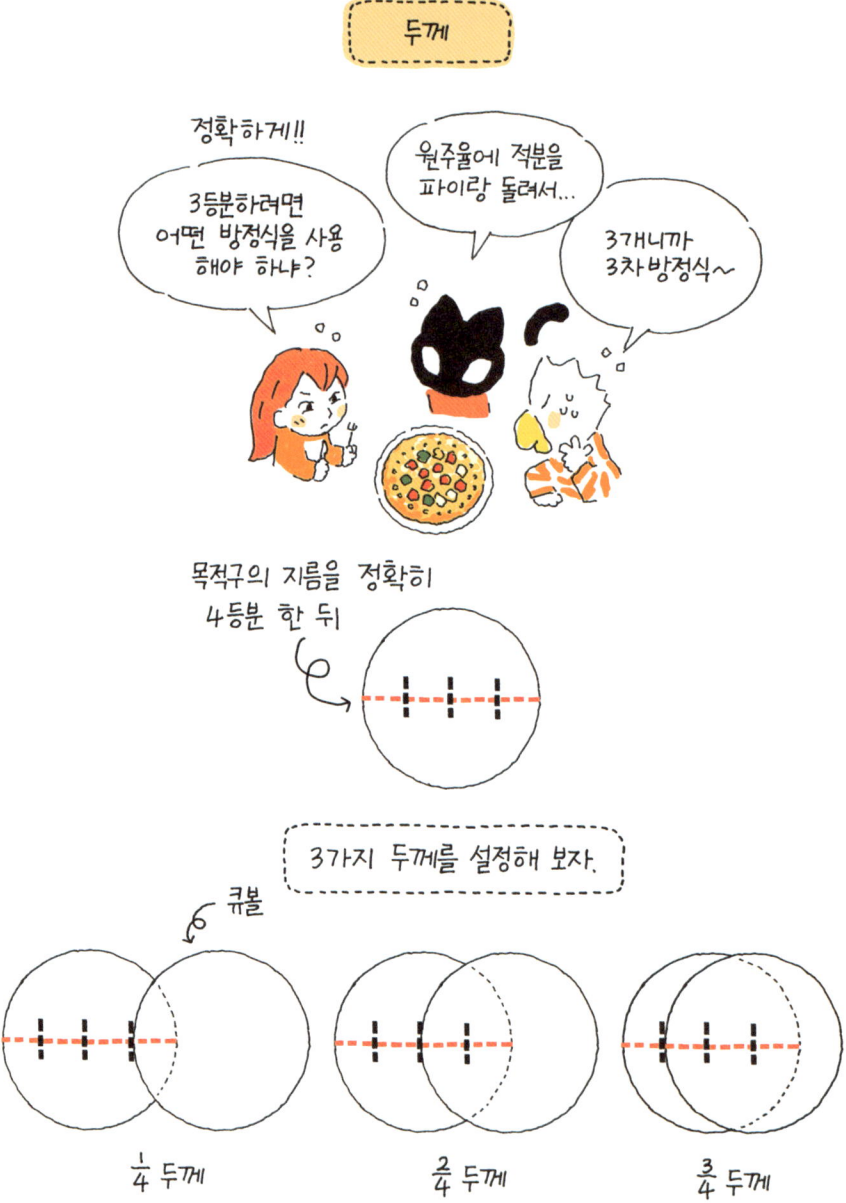

설정대로 부딪혀 보면

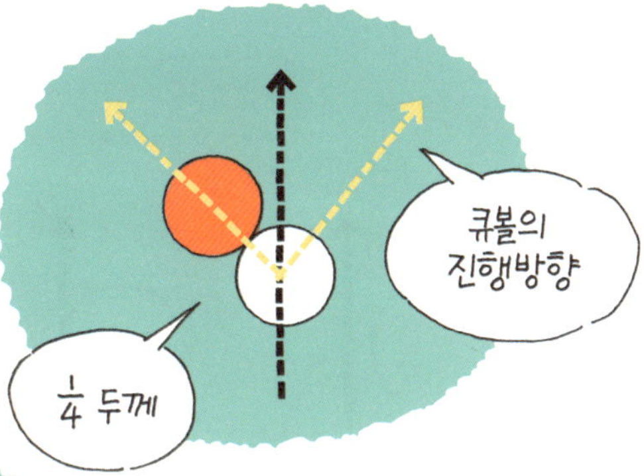

큐볼의 진행방향

1/4 두께

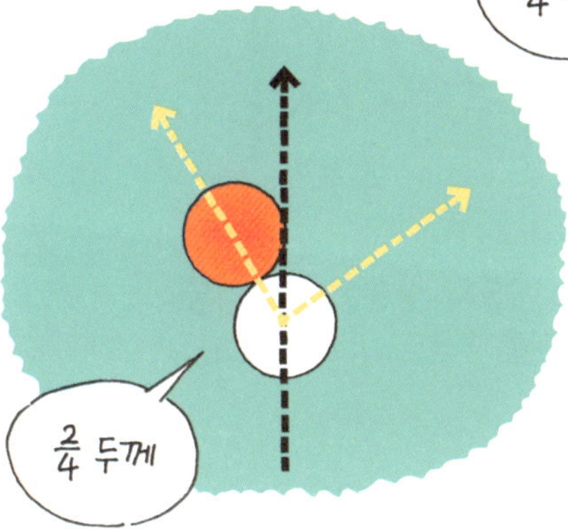

2/4 두께

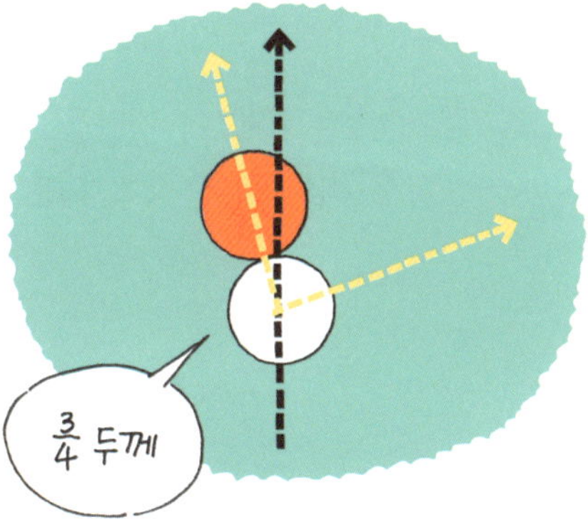

3/4 두께

두께가 두꺼울수록 큐볼의 분리각은 커진다.
반대로 목적구의 분리각은 점점 작아만 지는데....

부딪히는 면적은 똑같은데 어째서
전혀 다른 분리각을 보이는 것일까?

그것을 알고 싶어!!

6. 두께와 질량   149

### 목적구와 큐볼이 부딪칠 때

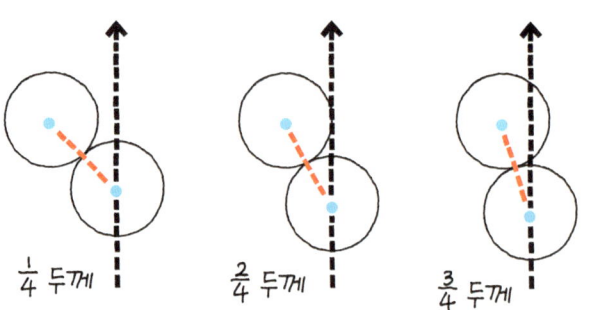

그것은 목적구의 질량중심점과 큐볼의 질량중심점이 큐볼의 진행방향에서 각기 다른 각도로 부딪치기 때문이다.

각각의 요소들을 선분으로 연결시켜보자.

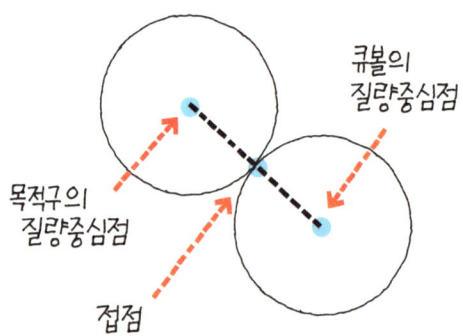

목적구의 질량중심점과 접점, 큐볼의 질량중심점은 정확히 일직선을 이룬다.

## 운동에너지의 전달

이 운동에너지는 질량중심점을 기준으로

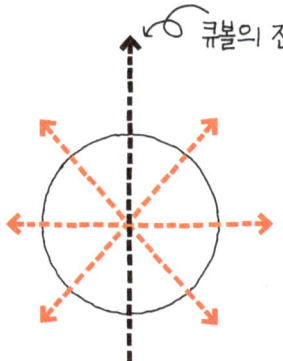

진행방향뿐만이 아닌 모든 방향으로 작용한다.

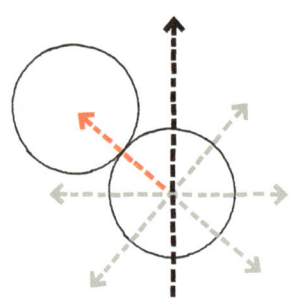

목적구와 큐볼이 부딪칠 때 부딪치는 **방향으로 향하던** 운동에너지만이 전달 되며

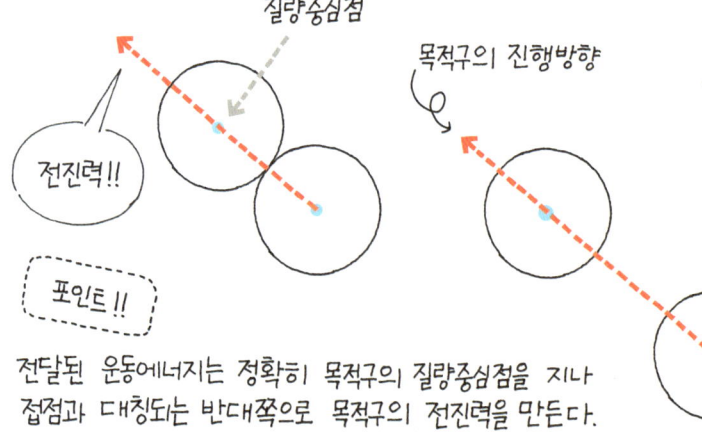

포인트!!

전달된 운동에너지는 정확히 목적구의 질량중심점을 지나 접점과 대칭되는 반대쪽으로 목적구의 전진력을 만든다.

결국 운동에너지를 전달받은 순방향으로 분리각을 만들며 진행하게 된다는 것.

### 기본적인 목적구의 분리각

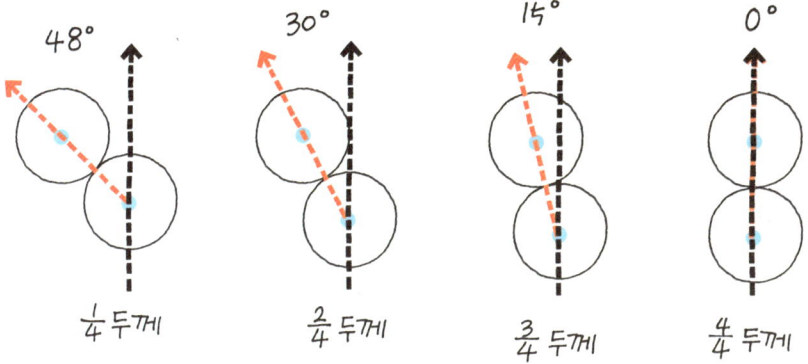

초심자의 경우 캐롬보다 포켓볼이 쉽다고 느끼는 이유도 여기에 있다.

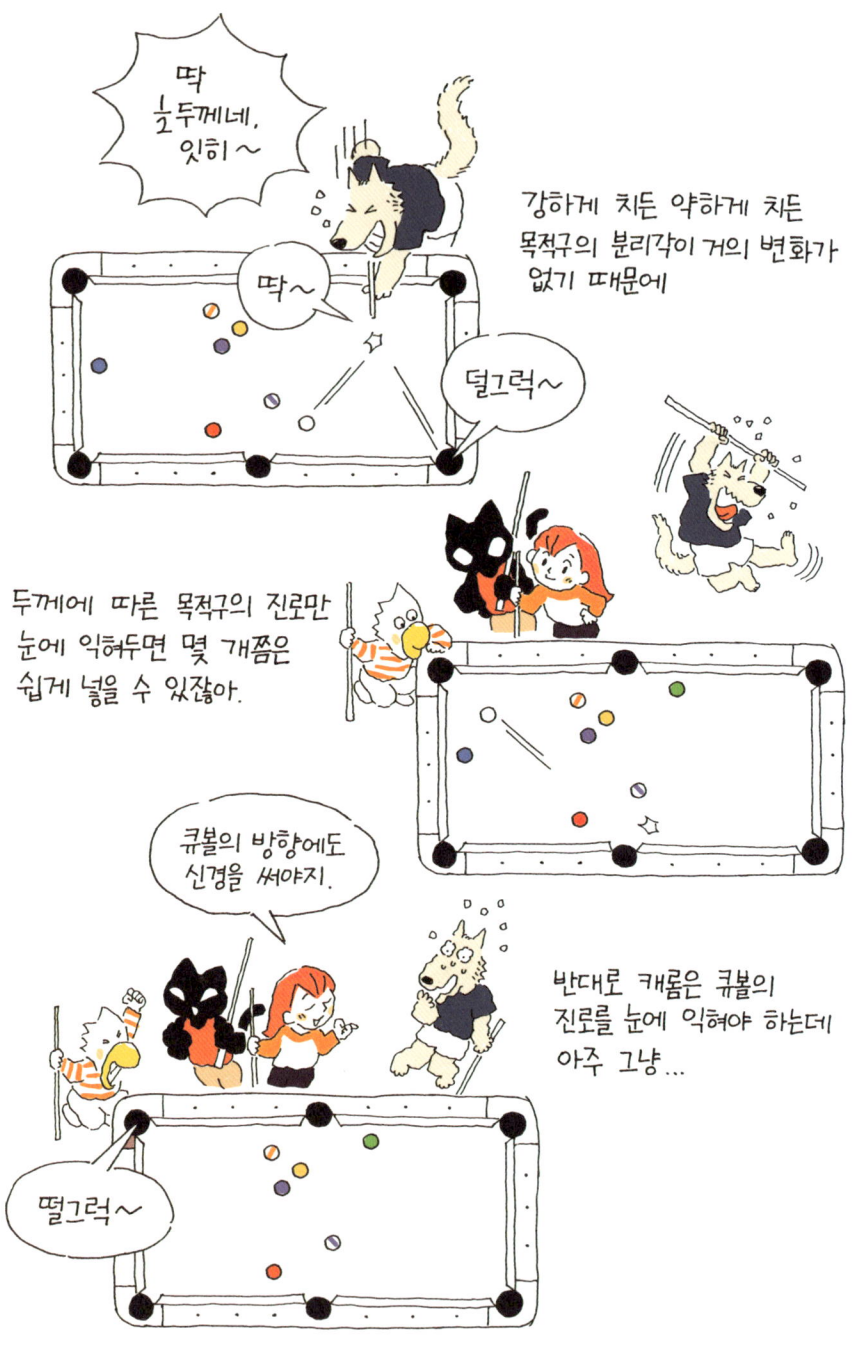

깜박할 뻔 했는데,
열에너지는 몸을 관통하는 고통에너지를 만들지.

뻔 한 얘기겠지만 어떤
물체든 질량중심점이 있다.

당구공의
질량중심점은 공의
한 가운데, 너무
뻔 한가요?

질량중심점

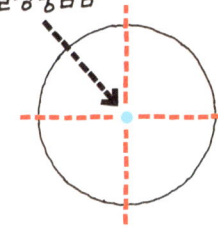 

헌데 너무도 뻔~한 이 부분에
마법의 세계가 숨어있지.

또 물리학이
블라블라냐?
당구를 얘기해
보자니까!!!

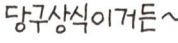

당구상식이거든~

알고 있어도 몸이
따라줘야겠지만~

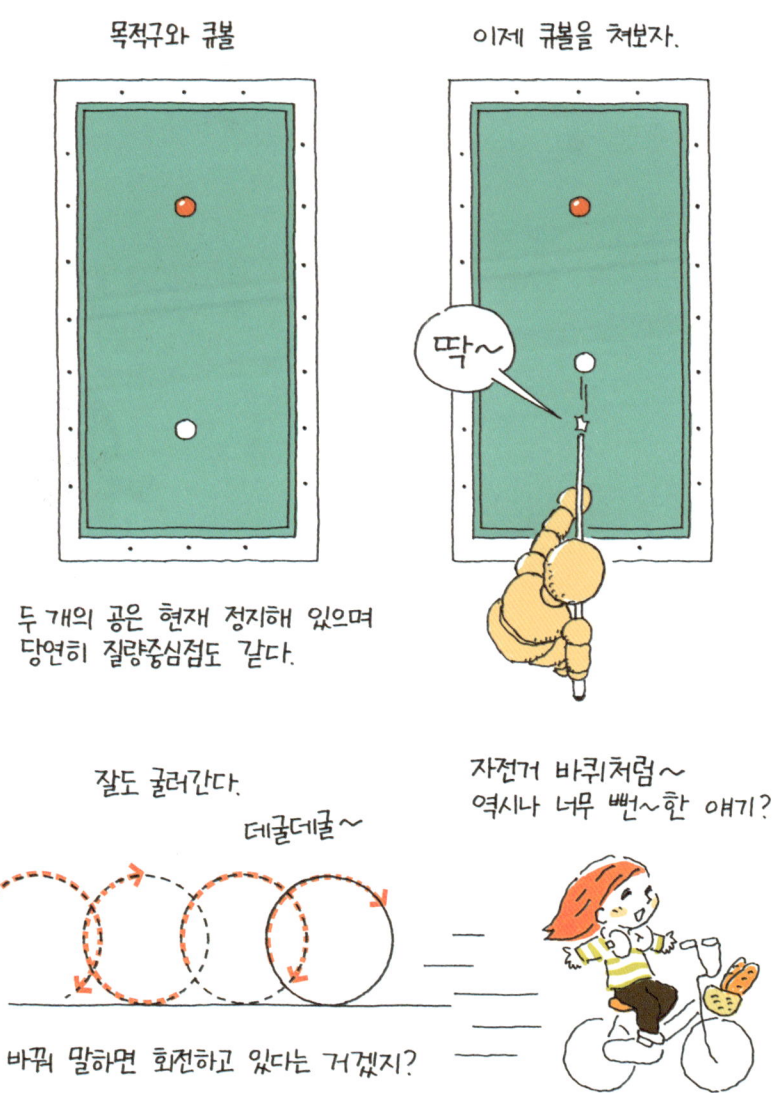

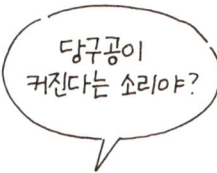
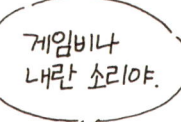

진행하는 거리가 길수록 질량증가는 더욱 커지게 되며

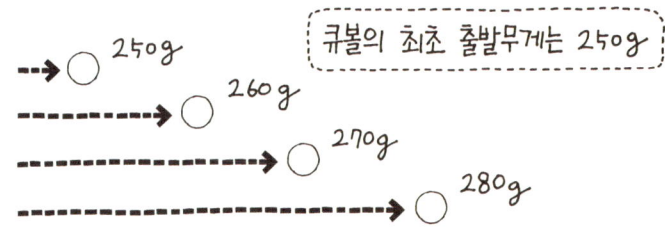

참고: 4구용 당구공 한 개의 무게는 250g

큐볼의 질량중심점 또한 앞쪽으로 쏠리게 된다.

이것은 최초 충돌 위치보다 큐볼을 조금 더 앞쪽으로 밀려가게 만든다.

늘어난 관성질량이 목적구의 반발력을 밀어내는 힘으로 작용하기 때문이다.

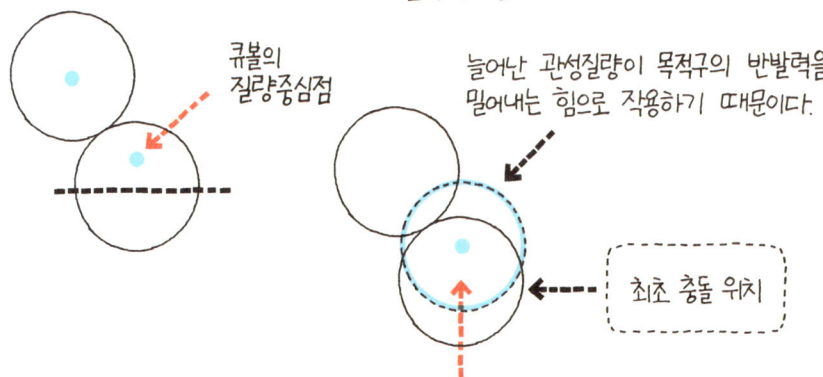

그러나 관성질량에 의해 생겨난 에너지는 결코 크지 않기 때문에
적구의 반발력을 상쇄시키기란 턱없이 부족하다.

아주 잠깐 동안 큐볼이 분리각을 만들지 못하도록 붙잡는 정도이며

큐볼이 밀려가는 짧은 거리 안에서 모두 소멸되고 만다.

그러나 이 작은 차이가 분리각에 커다란 영향을 준다는 사실. 명심하자.

끄덕~ 끄덕~

졸고 있음.

이후 큐볼은 목적구의 반발력에 의한 방향성이 나타나기 시작하는데
이것이 거리에 따른 구름관성에 의한 분리각이다.

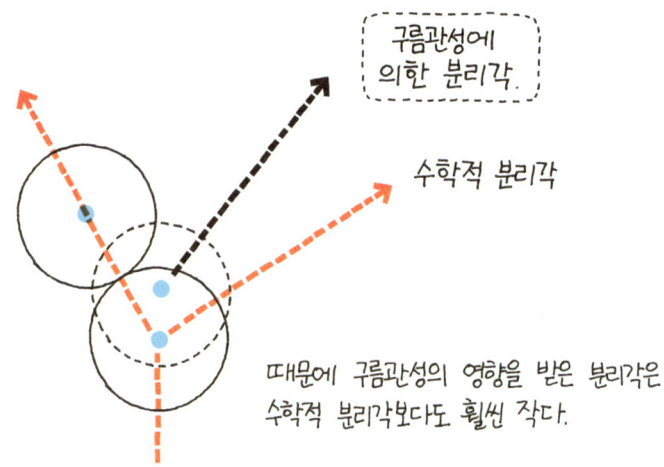

구름관성에 의한 분리각.

수학적 분리각

때문에 구름관성의 영향을 받은 분리각은
수학적 분리각보다도 훨씬 작다.

이 관성모멘트를 이해하고 컨트롤 할 수 있게 될 때

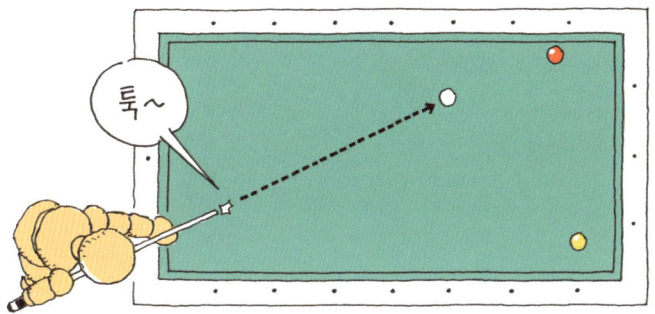

당신은 경이로운 마법의 세계로 성큼 다가서게 되는 것이지.

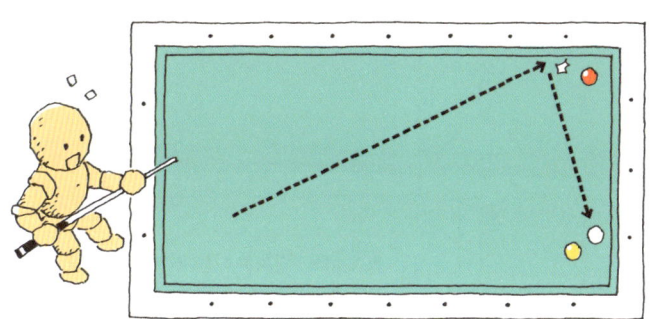

45° 분리각 연습과 같은 배치이다.

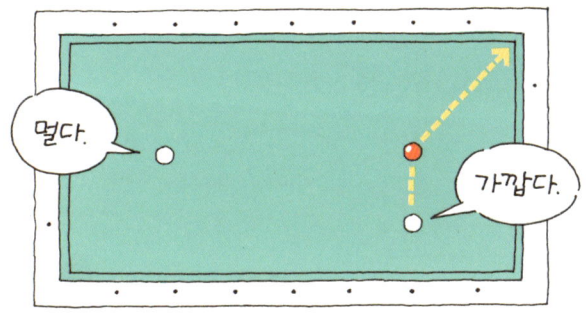

다른 점이라면 큐볼과 목적구와의 거리가 가깝다는 것 정도.

완전 깜도 안 되는 이유이려나?

½ 두께에 적당한 힘이면 정확히 코너로!!

질량중심점 ← 샷의 빠른 스피드에 의해 질량중심점이 위쪽으로 옮겨지기 때문.

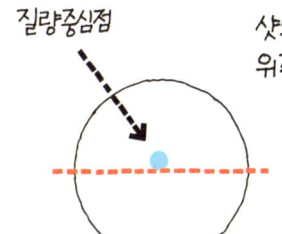

이때 큐볼은 비행기의 이륙순간처럼 바닥면에서 살짝 뜬 상태가 된다.

이후 샷 스피드에 의한 반발력이 약해지는 지점부터 질량중심점은 안정을 되찾게 되고 큐볼은 마침내 테이블 위를 구르며 진행하게 된다.

굴러가기 시작 →

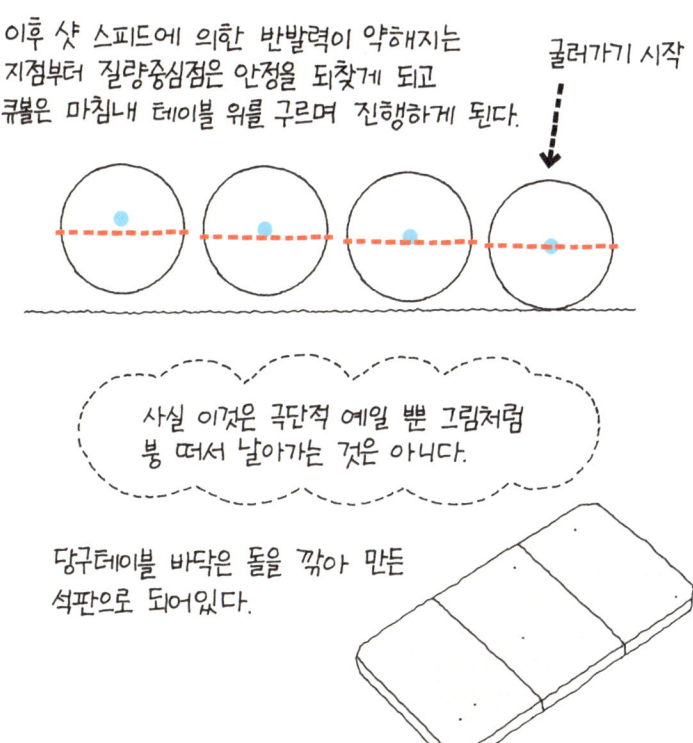

사실 이것은 극단적 예일 뿐 그림처럼 붕 떠서 날아가는 것은 아니다.

당구테이블 바닥은 돌을 깎아 만든 석판으로 되어있다.

6. 두께와 질량

물론 잔디잎과 살짝살짝 마찰하며 진행하겠지만 부드러운 잔디잎은 당구공의 무게를 이기지 못하기 때문에 마찰력은 거의 생기지 않지.

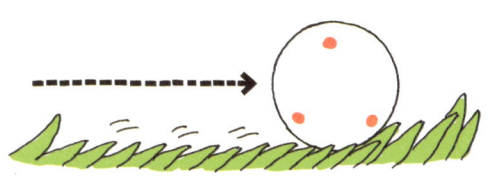

결국 질량중심점이 안정되어 바닥에 닿기 전까지는 잔디 위를 미끄러지듯 진행하게 되는 것이지.

가끔은 진짜로 공이 붕 떠서 날아가는 경우도 있음.

가장 평범한 샷으로 쳤을 때 진행 거리에 따라 큐볼이 변화되는 특성을 구간별로 나누어 알기 쉽게 정리해 보자.

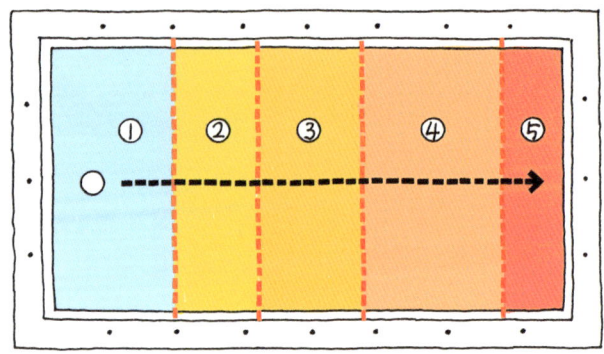

① 무회전 상태에서 살짝 뜬 채 진행한다. 이때 큐볼은 질량중심점이 위쪽에 있기 때문에 처음 출발 때보다 오히려 무게가 가벼워진다.

② 질량중심점이 안정을 되찾아 테이블 바닥에 밀착되어 굴러가기 시작한다.

③ 구르는 거리가 길어지면서 관성질량이 늘어나기 시작한다.

④ 늘어난 관성질량으로 인해 목적구보다 무거워진 큐볼은 충돌시 적구의 반발력을 밀어내 버린다.

⑤ 조금만 잘못 쳐도 어디로 갈지 알 수 없게 되며 가장 예민한 구역이다.

> 보충설명!!

특히 ①번 구역과 ④번, ⑤번 구역에서의 변화가 가장 심하게 나타나는데 이 구역의 분리각 변화에 대한 이해가 가장 까다롭다.

여기 딱 알맞게 물든 앵두 같은 당구공 하나가 있다.

먹음직스럽다?

그런데 사실 이것은 누군가가 당구공처럼 위장한 강철공이다. 짓궂기는!!

무게는 무려 5kg! 역시 강철공.

강철공을 향해 힘껏 큐볼을 쳤다. 어떻게 될까?

옆구리가 가려운 듯 강철공은 살짝 몸을 비틀었고
큐볼은 사정없이 튕겨 나간다.

이때 큐볼의 분리각은 수학적 분리각보다 더 커진다.

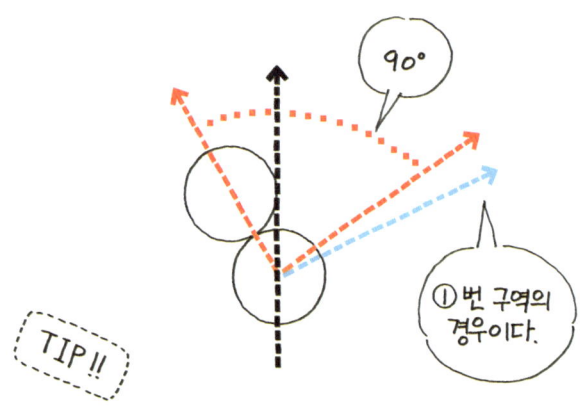

수학적 분리각의 절대조건은 목적구와 큐볼의 무게가
똑같은 상태에서 부딪쳐야 한다.
큐볼의 무게가 조금이라도 가벼워지거나 무거워지게
되면 분리각은 엉망이 되고 만다.

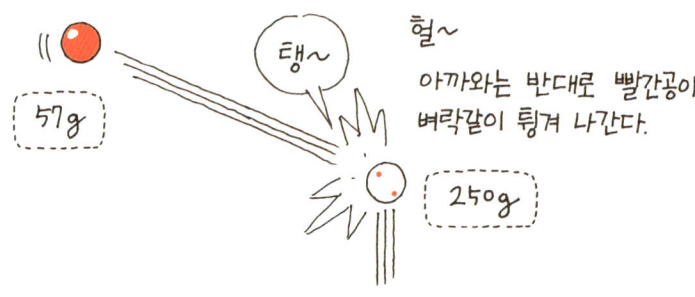

큐볼은?

그냥 직진해 버리는데?

뭔가 부딪친 것 같았는데? 착각인가?

쑹~

관성모멘트의 영향으로 수학적 분리각보다 훨씬 좁은 분리각으로 진행하게 된다.

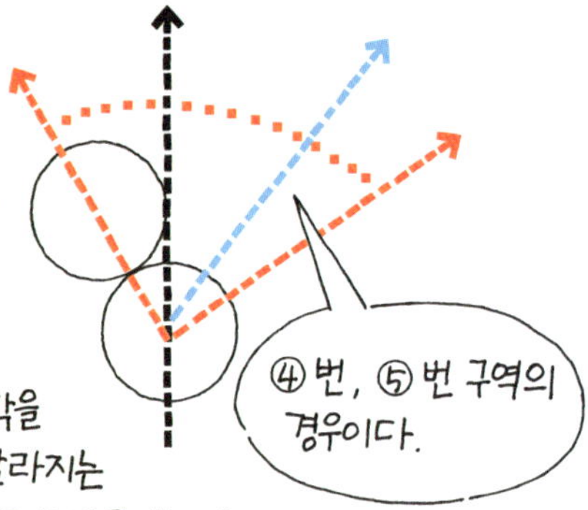

④번, ⑤번 구역의 경우이다.

결국 두께에 따른 기본적인 분리각을 알고 있어도 거리에 따라 달라지는 분리각을 얼마만큼 일률적으로 컨트롤 할 수 있는가가 실력 향상에 가장 큰 포인트이다.

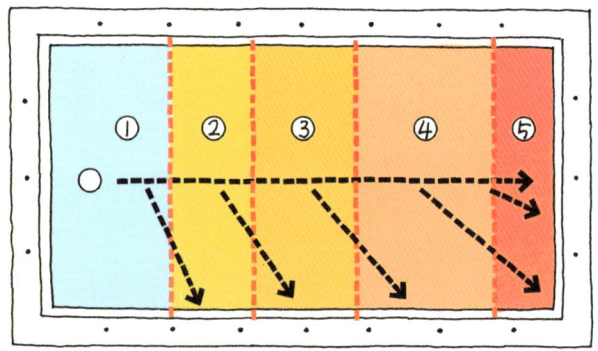

① 분리각이 크다.  ② 수학적 분리각에 가깝게 진행한다.
③ 관성모멘트에 의해 분리각이 약간 좁아진다.
④ 분리각이 더욱 좁아진다.  ⑤ 극단적으로 좁아진다.

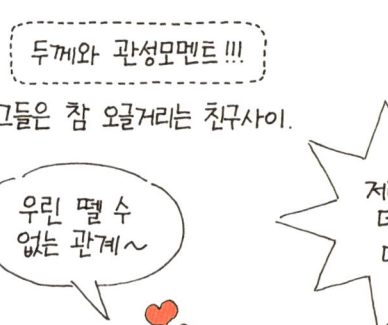

# key point

때문에 분리각을 만들 때 두께와 거리를 반드시 함께 생각해야 한다.

## 수학적 분리각의 정체!!

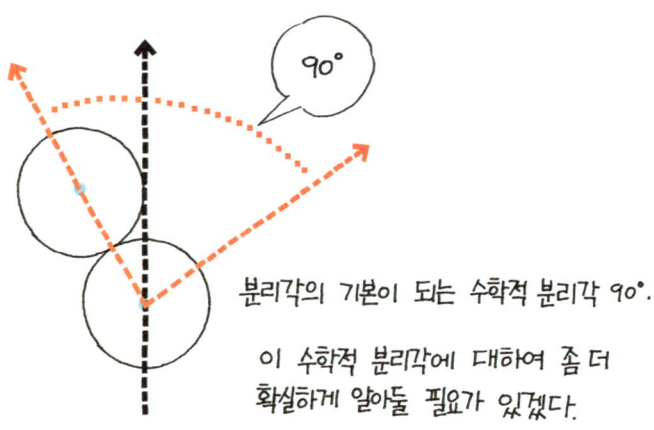

분리각의 기본이 되는 수학적 분리각 90°.

이 수학적 분리각에 대하여 좀 더 확실하게 알아둘 필요가 있겠다.

`수학적 분리각의 정체!!` 무게와 탄성이 똑같은 두 개의 공이 충돌하면 두께와 상관없이 분리각은 언제나 90°.

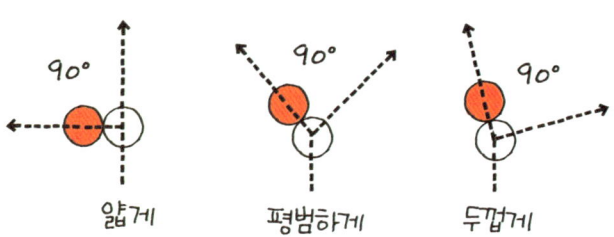

얇게 　 평범하게 　 두껍게

그런데 사실 이 수학적 분리각이 성립되는 장소는 엉뚱하게도 당구테이블 위에서가 아닌 무중력 상태에서이다.

당황스럽다.

무중력상태에서는 바닥이라는 개념이 존재하지 않기 때문에 어떤 공도 굴러갈 수 없다.

당연히 관성모멘트도 생기지 않으며 거리가 가깝든 멀든 무게도 변하지 않는다.

때문에 완벽한 수학적 분리각이 만들어지게 되는 것이다.

어디서? 밤하늘에서.

어머, 분리각 별자리!!

그럼 당구테이블 위에서는 어떨까?

끈기가 아니라 독한 거야.

결론적으로 불가능하다이다.

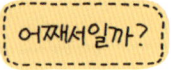

첫 번째는 임팩트 순간 발생되는 반발력 때문이다.

이 반발력은 생각보다 커서 큐볼의 무게에 크든 작든 영향을 준다.

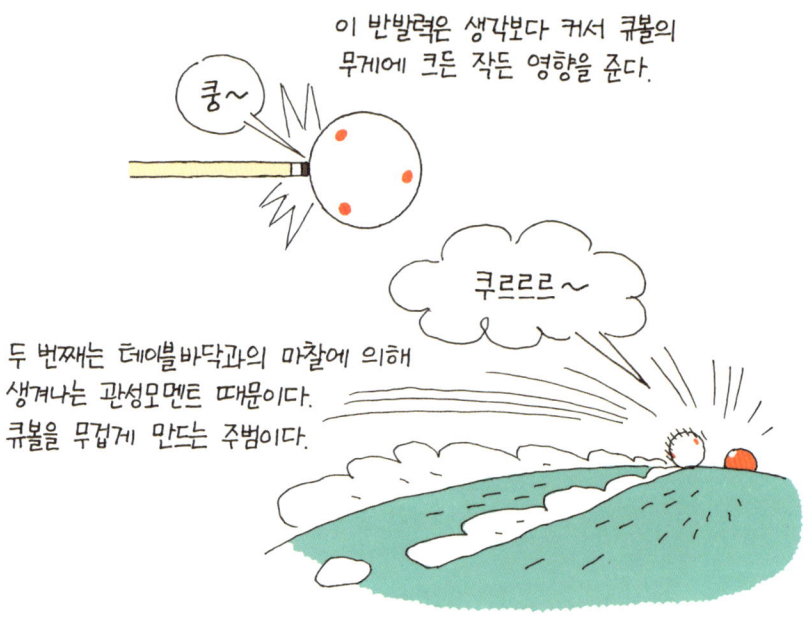

두 번째는 테이블바닥과의 마찰에 의해 생겨나는 관성모멘트 때문이다. 큐볼을 무겁게 만드는 주범이다.

그리고 절대 빼놓을 수 없는 한 가지!! 샷의 강약에 따른 반발력이다.

공중에 떠있는 큐볼의 무게를 젤 수 있는 저울이 있다면 간단히 알 수 있을 텐데 아쉽다.

이런 여러 가지 변수들 때문에 테이블 위에서의 수학적 분리각은 불가능한 것이다.

물론 떼를 써서라도 90° 분리각을 만들려면 만들 수는 있다.

그렇지만 그렇게 만든 분리각은 억지 분리각이 되기 때문에 올바른 분리각 만들기에 혼란만 생길 뿐이다.

징글징글하게 샷 연습을 했다면 가능할 지도 모르겠지만 수학적 분리각으로 칠 수 있다고 해서 당구실력이 업그레이드되는 것도 아니다.

단지 하나의 기준점에 불과할 뿐이며 공의 배치에 따라 어떻게 응용하는가가 더 중요하다 하겠다.

### 45° 분리각의 정체

이 역시 또 하나의 분리각 기준점이다.

테이블위에서의 여러 가지 요소들로 인해 어쩔 수 없이 생겨나는 큐볼의 변화 속에서 가장 무난하게 만들어 낼 수 있는 분리각의 기준점인 것이다.

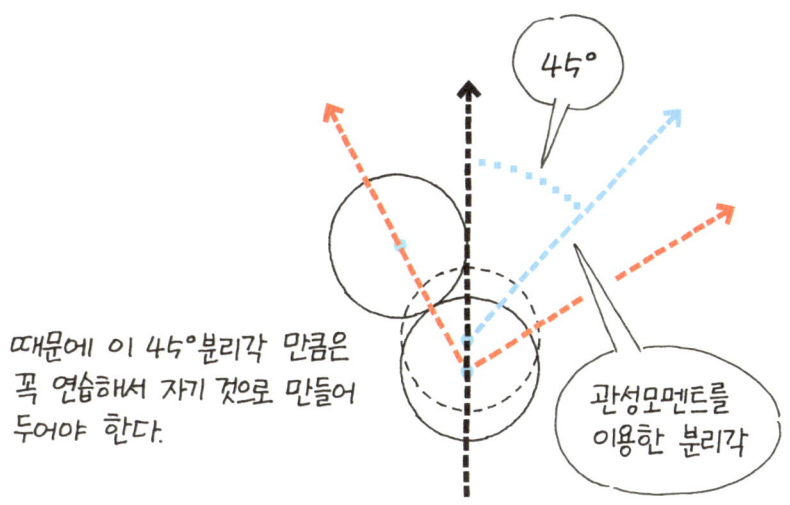

때문에 이 45°분리각 만큼은 꼭 연습해서 자기 것으로 만들어 두어야 한다.

45°

관성모멘트를 이용한 분리각

이상적인 분리각 만들기란 상황에 따라 생겨나는 여러 가지 변수들을 적절히 활용하여 자연스럽게 만들어야 한다.

한국 올림픽 4강, 정말 입에 딱 달라붙는다.

억지로 만든 분리각은 실력향상에 아무런 도움도 안 된다.

## 가까운 거리에서 45° 분리각 만들기

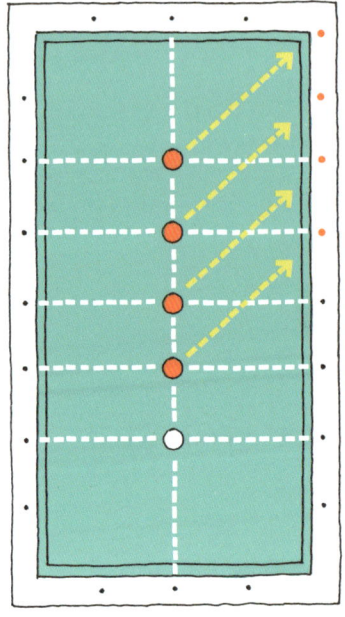

관성모멘트를 이용한 45° 분리각 만들기 연습이다.
그림과 같이 적구의 위치를 이동시켜 가며 연습해 보자.

각각 빨갛게 표기된 포인트로 큐볼을 보내면 성공이다.

위의 배치도에서 가장 까다로운 배치라면

역시 거리가 가장 가까운 목적구이지 않을까?

큐볼과 목적구의 거리가 가까울 때는 샷에 조금만 힘이 실려도 임팩트 순간의 반발력에 의해 분리각의 변화가 심해진다.

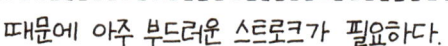

때문에 아주 부드러운 스트로크가 필요하다.

지금 당신이 생각하고 있는 것보다 훨씬 더 부드러운...

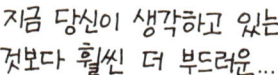

## 큐대의 반발력

큐대의 재질은 나무이다.

물론 그냥 나무는 아니며 특별한 방법으로 탄성과 강도를 한층 업그레이드 시킨 궁극의 막대기이다.

당구공을 가지고 놀려면 당구공의 강한 반발력을 이겨낼 수 있는 막대기가 필요하기 때문이다.

그렇다고 철근은 문제가 좀 있지.

당구의 역사를 살펴보면 초기에는 산에 가서 기다란 나무를 베어와 진짜 그대로 썼다.

단단한 두 개의 물체가 부딪칠 때 생겨나는 반발력을 생각하지 못했기 때문이다.

떨어지는 사과를 보고 그가 이제 막 뭔가를 떠올리던 중이었거든.

다행히도 당구를 끔찍이 사랑하는 많은 사람들의 노력으로 이런 문제점들이 모두 보완되어 오늘날의 시크한 당구큐대가 완성되었다.

그중에서도 단연 갑인 이 녀석, 팁이다.

팁(tip)

팁(tip)

큐의 끝부분에 붙어있는 작은 가죽소재,
임펙트 순간의 반발력을 줄여준다.

여기에 놀라운 마법의 가루까지
등장하게 되면서 준비는 완벽해진다.

초크(chalk)

팁과 큐볼과의 접점부분을 부드럽게 만들어 준다.

맘껏 가장자리도 칠 수 있게 되었으며 믿을 수
없는 풍경까지 만들어 낼 수 있게 된 것이다.

8. 가까운 거리에서 45° 분리각 만들기

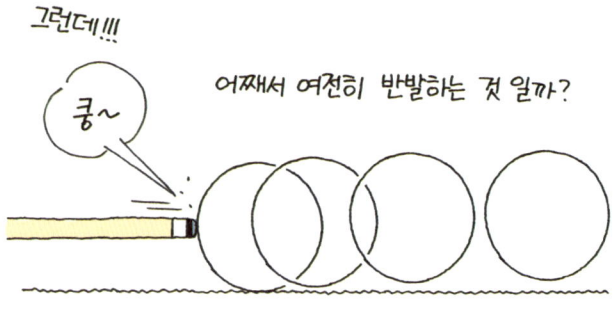

손이 삐꾸가 아니라 우린 이제 막 당구를 배우기 시작한 것뿐이다.

## 반발력의 이해

진도는 안 나가고 또 물리학 타령이다. 아 놔...

그렇지만 사실 가장 중요한 부분이며 이 부분을 이해하게 되면 당구는 너무나 쉬워진다.

하루밤에 천리를!!

반발력이란 물체와 물체가 충돌할 때 서로를 밀어내는 힘을 말한다.

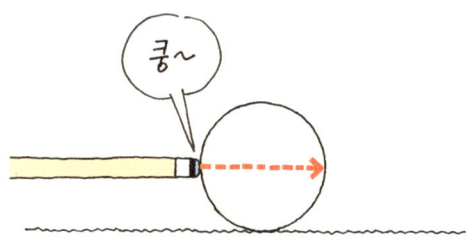

이 힘은 두 개의 물체가 충돌하는 접점에서 생겨난다.

쿵~

접점으로 전달된 충돌에너지는 곧 물체의 반대편에 도달하게 되는데

꺄아아아 아아아아~

이때 더 이상 갈 곳이 없어진 에너지는 왔던 길을 다시 되돌아가게 된다.

쑹~ 하고 빠져나와

절대 혼자서 날아다닐 수 없다.

이때 되돌아온 에너지는 충돌물체 쪽으로 에너지를 전달하게 된다.

이 과정은 극히 짧은 순간이며 충돌물체가 떨어지기도 전에 일어난다.

뉴턴의 제 3법칙, 작용 반작용의 법칙이다.
(law of action and reaction)

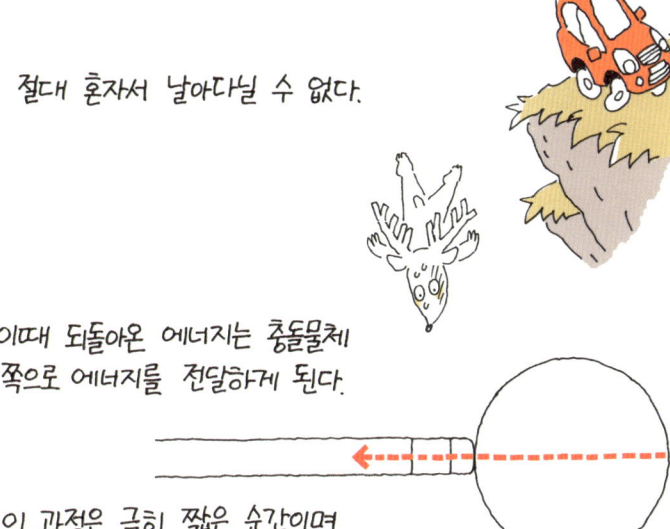

당신과 아라는 기본적인 샷 연습을 아주 열심히 했죠. 큐볼 한 개 치기에서부터 45° 분리각 만들기까지.

시원한 냉커피 한잔~

시간 없거든요.

누가 시키지도 않았는데 말이죠, 참~ 내~

## 샷의 특성

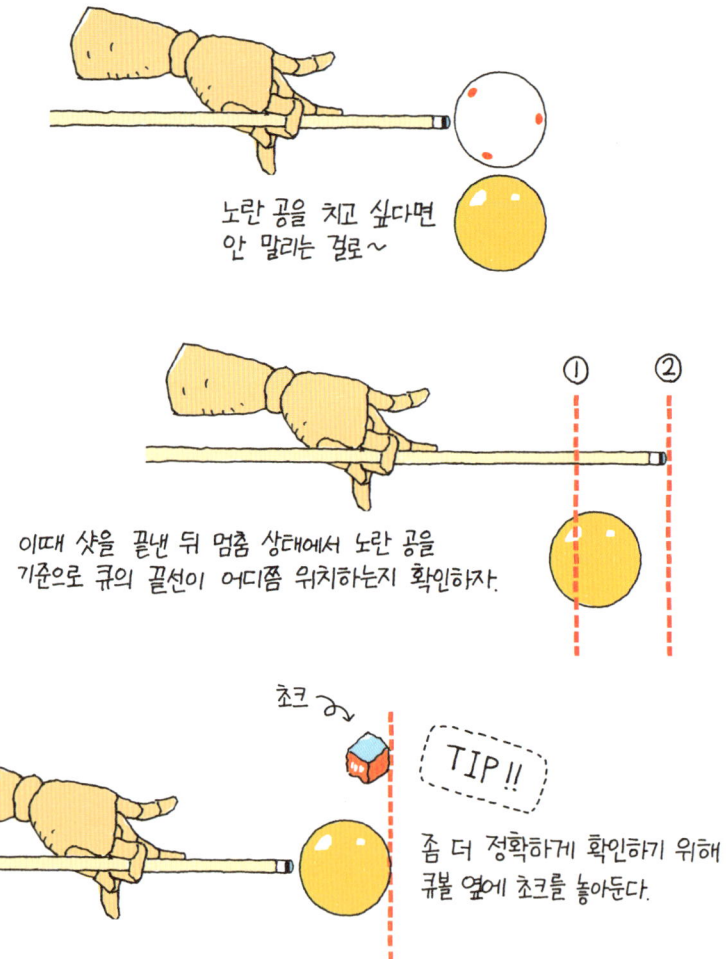

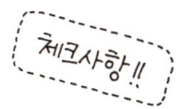

반드시 첫 번째로 멈춘 지점을 표시해야 한다.
멈칫거렸다면 그 지점이 첫 번째 멈춤 지점이 된다.

스트로크 연습이 부족하면 단번에 멈추기가 어려워 이중 동작이 나타나게 된다.

당신은 어디쯤? 아라는 대략...

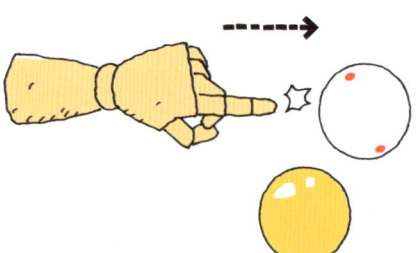
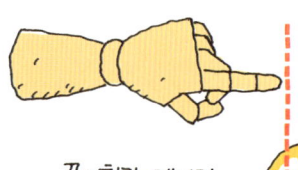

이번엔 손가락 끝을 천천히 큐볼에 갖다 댄 다음

부드럽게 밀어보자.

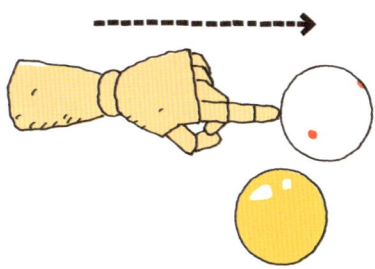

이때의 손가락 끝선은 노란 공을 한참 지나가게 된다.

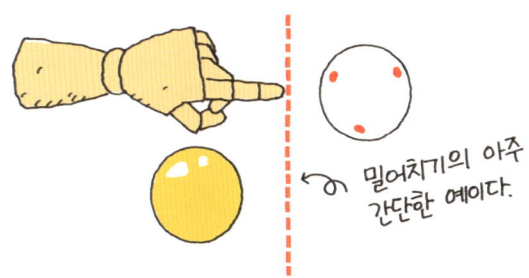

↙ 밀어치기의 아주 간단한 예이다.

이제 앞쪽으로 돌아가 우선멈춤 했던 아라의 큐 끝선을 살펴보면

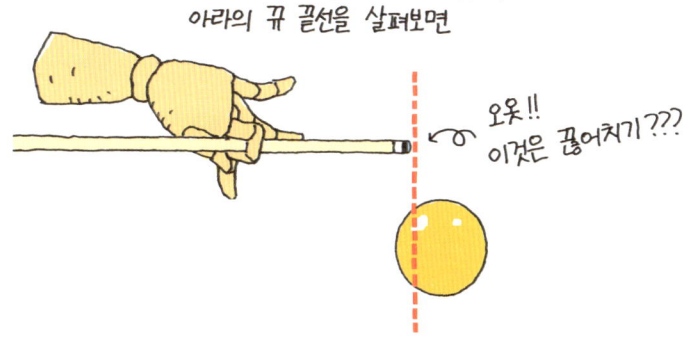

↙ 오옷!! 이것은 끊어치기???

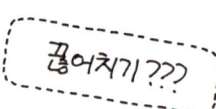

잽 샷(jab shot)이라고도 한다.
임펙트 순간 큐를 급하게 멈추는 타법이다.
권투에서의 잽과 같다.

다른 점이라면 권투에서는 잽을 날린 순간
번개처럼 제자리로 돌아간다는 것.

상대방의 공격을
대비해야하기 때문.

그렇지만 당구에서는...

완전 미스터리!!

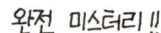

아래의 배치를 살펴보면 제2목적구의 위치가
45°보다 큰 55° 위치에 있다.

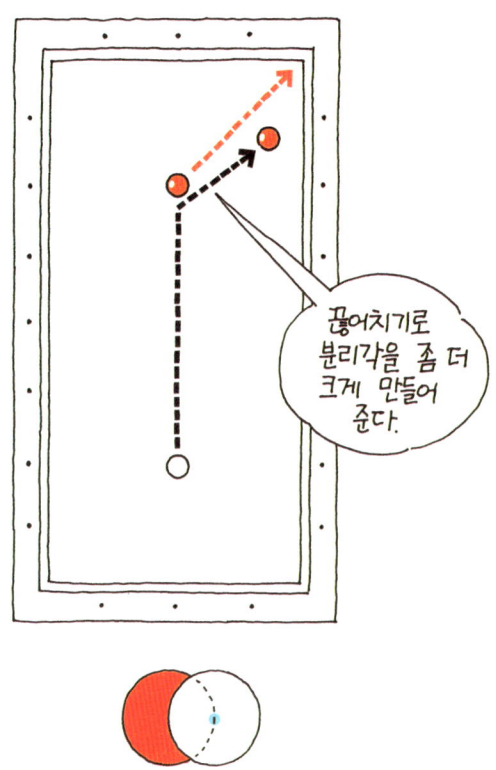

끊어치기로 분리각을 좀 더 크게 만들어 준다.

이와 같은 배치에서는 45°분리각 만들기와 똑 같은 ½두께에
중앙당점으로 약간 빠르게 끊어치기를 구사하면 쉽게 득점 할 수 있다.

이처럼 끊어치기란 관성모멘트를 줄이거나
억제시키기 위해 구사하는 샷이다.

무조건반사란 우리 몸에 일어난 어떤 상황에 대하여 감각뉴런과 중추신경계가 짜고서 지들끼리 일을 처리해 버리는 것을 말한다. 선조치 후보고인 셈이지.

그렇다고 꼭 착실하다는 건 아니야.

자율신경계가 관리중인 운동뉴런들은 외부로부터의 자극에 무조건 반대방향으로 작용한다.

앗 차거!!

외계인이라면 모를까 이런 거 지구인은 불가능하지.

작용 반작용의 법칙에 의해 큐대에 전달된
에너지는 순식간에 그립위치까지 도달한다.

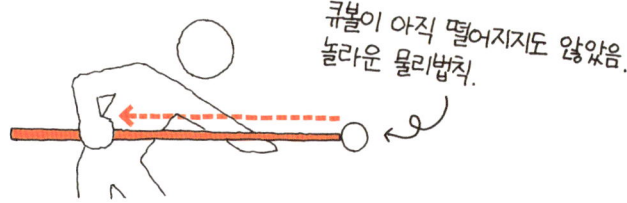

이때 낯설고 둔탁한 이질감이 손바닥 안으로
가득 스며들게 되는데

순간 자율신경계는 벼락같이 반응.
순식간에 브레이크를 건다.

결국 자신도 모르게 끊어치기 샷을 구사하게 되는 것이다.

자율신경계의 무단행동은 이처럼 샷에 심각한 데미지를 입힌다.

지금 당장 구조대가 필요하다!!

# 밀어치기 샷과 큐볼의 운동량

배트에는 '스위트 스팟(sweet spot)'이라는 특이점이 있다.

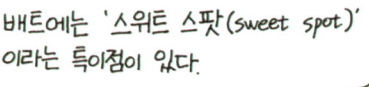

배트 끝에서 17cm 정도에 위치한 배트 중심부이다.

투수의 손을 떠난 공이 이곳에 맞으면 홈런이 된다.

물론 강타자에 한해서.

이때 배트를 잡고 있던 손에는 어떤 작은 진동조차 느껴지지 않는다고 한다.

끊어치기 샷을 구사하면 큐볼이 잘 안 구른다.

"깜박하고 저녁을 안 먹고 왔지 뭐가."

구르는 거리가 생각보다 훨씬 짧다.

그 때문인지 온 힘을 다해 샷을 날린다. 그런데

더 강하게 치면 칠수록 큐볼은 더더더 안 구른다.

요즘 체계적인 한방다이어트중이라 에거...

어쩐지 공에 힘이 없더만~

임펙트시 큐볼에 가해진 에너지의 양이 100 이라면 작용반작용의 법칙에 의해 50은 다시 최초의 전달 매체인 큐대로 되돌아가게 된다.

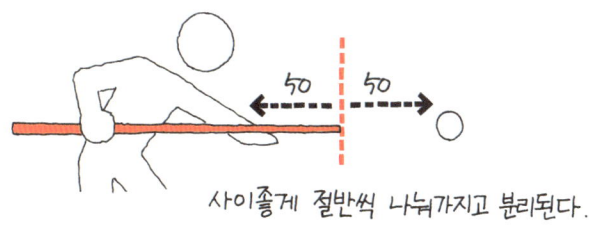

사이좋게 절반씩 나눠가지고 분리된다.

이후 큐대에 갇혀버린 에너지는 끝과 끝을 왕복하며 큐대를 마구 흔들게 되고

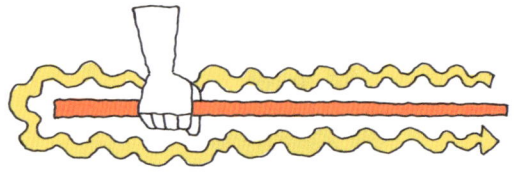

손바닥엔 불이난다.

50의 에너지를 가지고 나름 힘차게 출발했던 큐볼은?

무시무시한 위치에너지로 무장한 목적구를 만나 운동에너지를 몽땅 빼앗기게 되고...

공의 배치에 따라 테이블을 한 바퀴, 혹은 두 바퀴를 돌아와야 하는 경우가 있는데

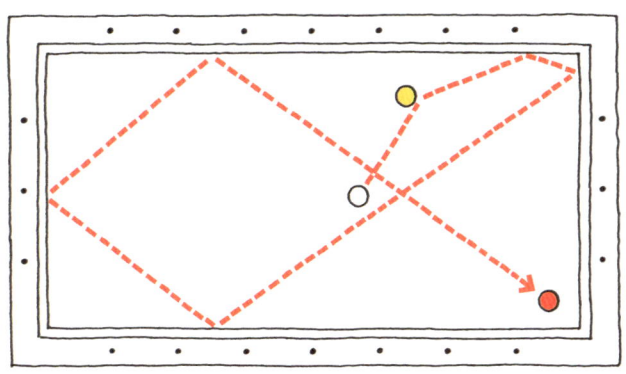

끊어치기로는 절대 불가능하다.

## 밀어치기 샷과 큐볼의 운동량

고점자의 샷을 보면 툭 친 것 같은데도 테이블 한 바퀴쯤 참 우습게 돌아온다.

금방 멈출 것 같은데

끈질기게 굴러 득점에도 성공한다.

징그럽기까지 하다.

이 비밀을 파 헤치기 위해서는 임펙트 순간으로 되돌아가야 한다.

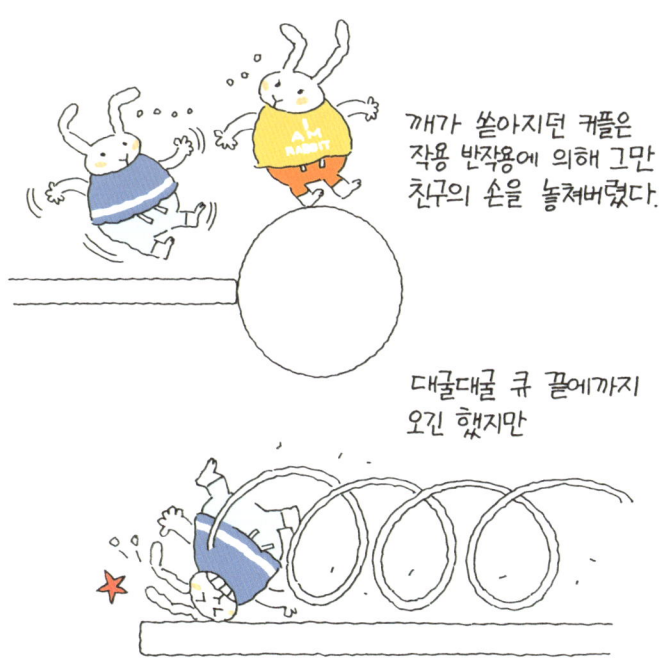

깨가 쏟아지던 커플은 작용 반작용에 의해 그만 친구의 손을 놓쳐버렸다.

대굴대굴 큐 끝에까지 오긴 했지만

작용 반작용에 의해 양쪽으로 나누어진
에너지를 다시 하나로 합하는 것.

그러니까 에너지효율의 극대화,
이것이 밀어치기의 핵심이다.

따라가다.

사실 당구의 샷은 꽤나 어렵다.
물리학을 잘 한다고 샷이 막 되는 게 절대 아니다.

이론과 실증의 괴리는 생각보다 깊다.

이제 막 당구를 배우기 시작한 당신이나 아라에게
끊어치기, 밀어치기가 왜 그 모양이냐고 한다면...

많이 슬퍼질 것 같다.
그러니까 인내심을 갖자.

> 밀어치기 [follow through shot]

밀어치기의 정식 용어는 [follow shot]이다.
follow의 뜻은 따라가다, 뒤따르다.

기차가 어둠을 헤치고 은하수를 건너면~

슬픈 사랑이야기 객차마다 가득 싣고
줄줄이 잘도 따라간다.

큐볼을 친 뒤에도 큐가 멈추지 않고 계속해서
큐볼의 진행방향으로 따라가는 것을 뜻한다.

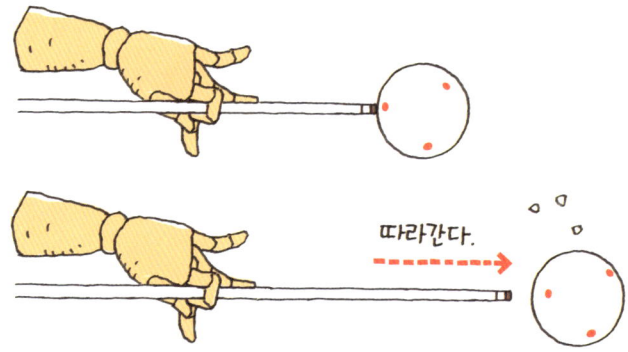

따라간다.

11. 따라가다

끊어치기든 밀어치기든 샷의 원리를 이해하기 위해선 먼저 큐 끝에 붙어있는 이 녀석이 구체적으로 무슨 짓을 하는지 꼭 알아둬야 한다.

팁은 엘크라는 사슴과 기타 여러 종류의 동물 가죽을 이용해서 만들어진다.

팁을 손가락으로 눌러보면 무척 단단한 느낌.
그렇지만 손톱으로 콕 찍어보면 당구공만큼 단단하지는 않다.

초크를 팁 전면에 조심조심 고르게 발라주자. 샷 준비 끝!!

꿩~

20만분의 1초를 들려주고픈 초고속 카메라의 꿩 한 눈동자.

임펙트 순간!!!

팁이 순식간에 우그러든다.

눌려졌던 팁이 원래의 모양을 되찾는다. 작지만 팁 자체의 탄성력도 작용한다.

팁과 큐볼이 분리된다.

큐볼을 따라간다.

멋진 밀어치기 샷이다.

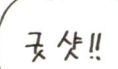

굿 샷!!

위의 초고속 화면에서 볼 수 있듯이 큐볼과의
임펙트 순간 팁이 심하게 우그러든다.

(각각의 컷을 오려 수학노트 오른쪽 페이지
맨 밑에 붙이고 빠르게 넘기면 움직임)

포인트!!

밀어치기의 경우 임펙트 순간에서부터 다시 팁 원래의 모양으로 되돌아갈 때까지 큐볼과 붙어있는 상태로 진행하게 된다.

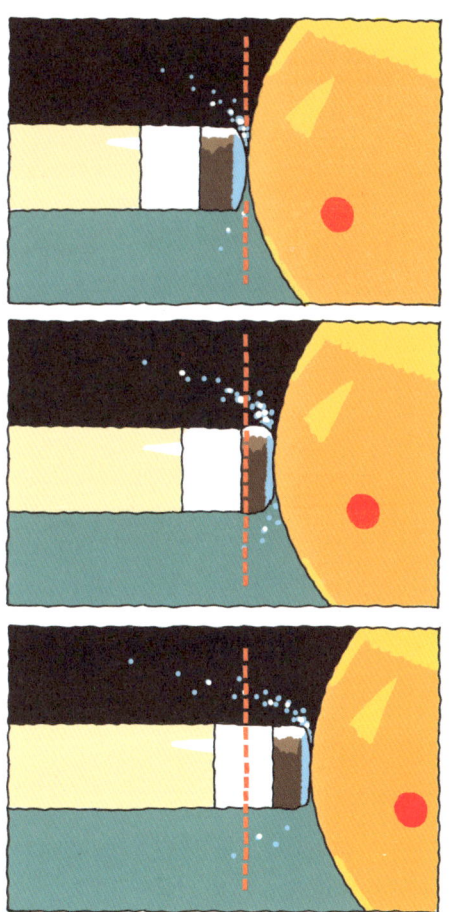

끊어치기의 경우 팁에서 큐볼이 떨어지는 시간은 0.001초이다.

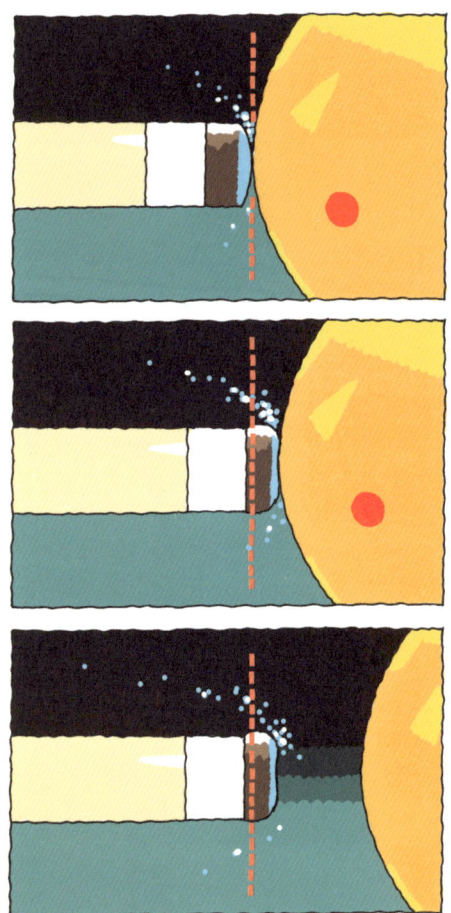

팁이 우그러드는 순간 큐볼이 떨어진다.
팁의 탄성력이 작용할 틈도 없다.

밀어치기의 경우에는 고점자일수록 큐볼이 떨어지는 시간이 엄청나게 길다.

0.002초, 0.003초, 0.004초, 0.00...

당구에서는 0.001초 동안 상상할 수도 없는 물리적 현상이 생겨난다.

작용 반작용에 의해 큐대로 쏟아져 들어온 운동에너지.

사실 이 운동에너지의 정체는 아주 작은 입자알갱이들이다.

녀석들의 속도는 광속 같아서 큐대 끝까지 갔다가 되돌아오는데 0.001초면 충분하다.

입자알갱이들의 디테일한 움직임은 이걸로 때우자, 머리 아프다.

문제는 이 입자알갱이들은
한 두 개가 아니라는 것.

조조의 10만 대군??

동네 꼬마들 구슬

당구를 배우는데 이 녀석들의 움직임까지 알아야 될 필요가 있을까?

전혀 모르는 상태에서 무작정 샷을 한다면
당구는 좀처럼 늘지 않는다.

그렇게 어렵나?

$F_{ab} = -F_{ba}$

기본적인 물리현상을 알고 있으면 샷이 실패했을 때
문제점을 파악하여 다음 샷에서 보완할 수 있지만
모른다면 계속해서 실패할 수밖에 없는 샷만 하게 된다.

짜증나는 내용이라고 그냥 넘어가지 말고
꼭 기억해 두자!!

큐대의 앞쪽은 가늘고 뒤쪽은 굵다.

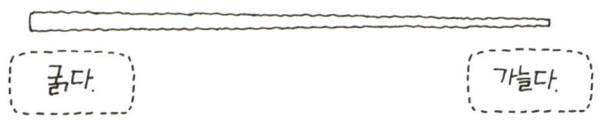

콩나물 지하철을 힘겹게 빠져나온 입자알갱이들.

그렇지만 에너지보존의 법칙에 의해
다시 되돌아갈 수밖에 없는 녀석들은

곧 뒤쪽 무리들과 충돌할 위험에 빠지게 된다.

다행이 공간이 넉넉해 아슬아슬하게 충돌을 피할 수 있었지만

잠시 후 도착한 그곳에서 녀석들은 악몽과 마주하게 되지.

병목구간

이번엔 아주 날쌔고 용감한 녀석들로만 몇 놈 골라 특공대를 만들어보자.

몇 놈 안 되기 때문에 신호만 잘 지킨다면
병목구간쯤 쉽게 빠져나가겠지?

그렇지만 당구에서는 이 문제를 좀 더 깊게 생각해야 한다.

너무 뻔한 사실은 깜빡하기 쉽거든.

이크!!! 불끈불끈 에너지가 만들어지기 시작했다.

(사실 이렇게 불끈거리면 절대 안 돼요. ㅎㅎ)

헐~ 자세히 보니까 벌써 큐대에 들어앉았네?

암벽등반이냐!!!

녀석들은 이제 단순한 운동에너지가 아니다.

당구전사인 것이지, 웃하하~

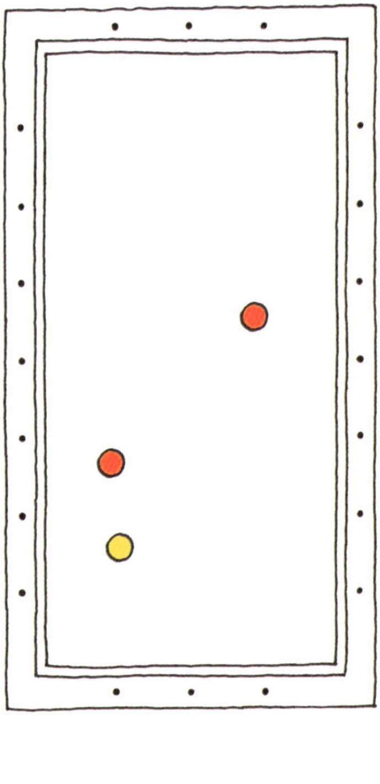

이와 같은 배치도에서 득점을 하기위해 필요한 총 에너지양이 50 이라면 임팩트 시 최초의 에너지양은 몇일까?

이때 큐볼이 팁에서 분리되는 시간이 0.003초라면?

큐볼에 전달된 총 에너지양은 60이 된다.

처음엔 아주 작은 20의 에너지를 주었지만 임펙트 이후 큐가 떨어지지 않고 큐볼을 계속 밀어주기 때문에 에너지가 축적되는 것이다.

배터리 충전식이랄까.

어쨌든 쓸만한 스킬 한가지쯤 배워 당구에 재미를 붙여야 진도도 나가게 되는 거지.

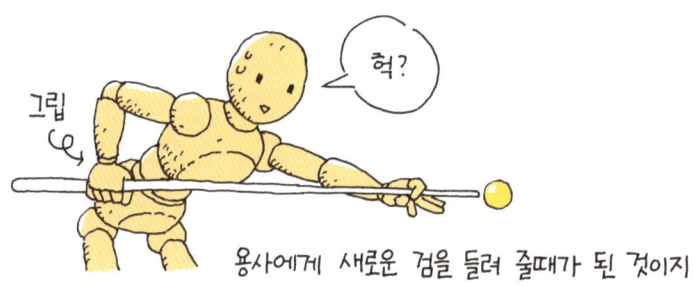

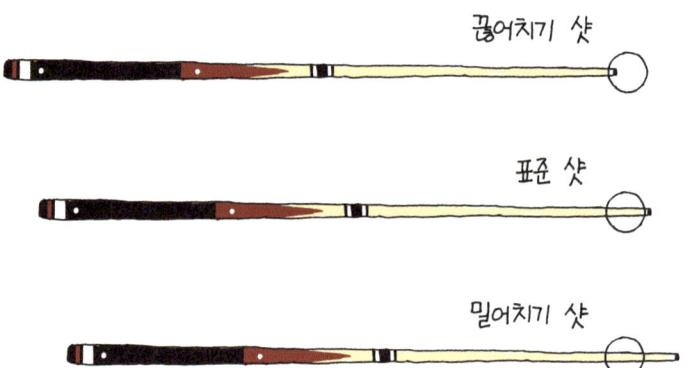

각각의 샷의 특성에 적당한 스트로크의 진행 길이이다.
너무 짧지는 않은지, 혹은 너무 길지는 않은지 자신의
스트로크 길이와 비교해 보자.

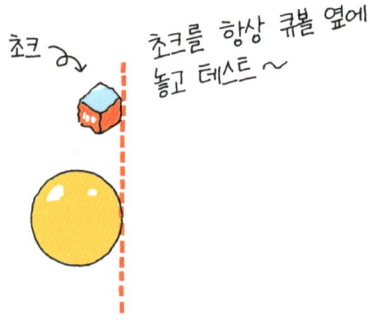

고점자의 경우 표준 샷으로도 밀어치기가 가능하지만
어디까지나 그들 얘기인 것이지.
그렇지만 열심히 연습한다면 금방 당신이야기가 되겠지?

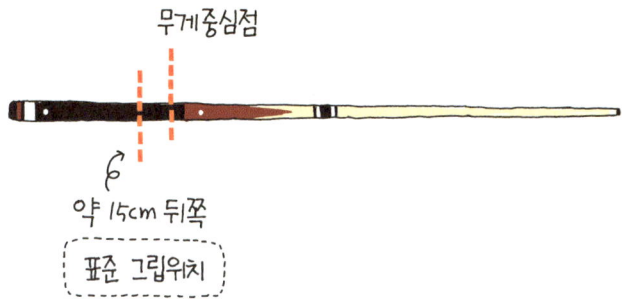

밀어치기 샷을 하기위해서는 그에 맞는 그립위치가 있다.

표준 그립위치에서 약 10cm정도 더 뒤쪽으로
이동한 위치이다.

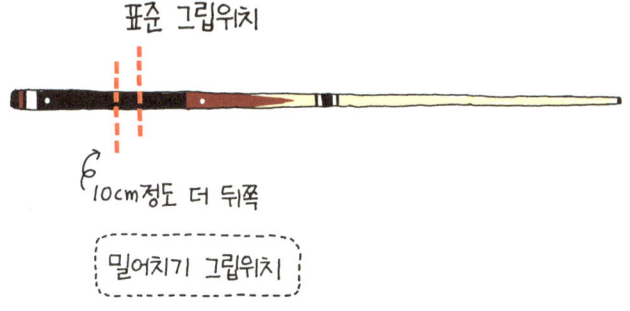

표준 샷보다 큐를 좀 더 앞쪽으로 전진해주기 위해서는
그 만큼의 거리를 그립위치에서 확보해 줘야 한다.

그렇지 않고 그냥 표준그립위치에서 밀어치기를 구사하게 되면 팔 전체가 따라 나가는 괴상한 동작이 되기 때문이다.

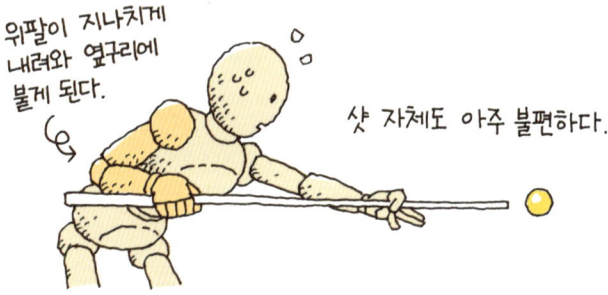

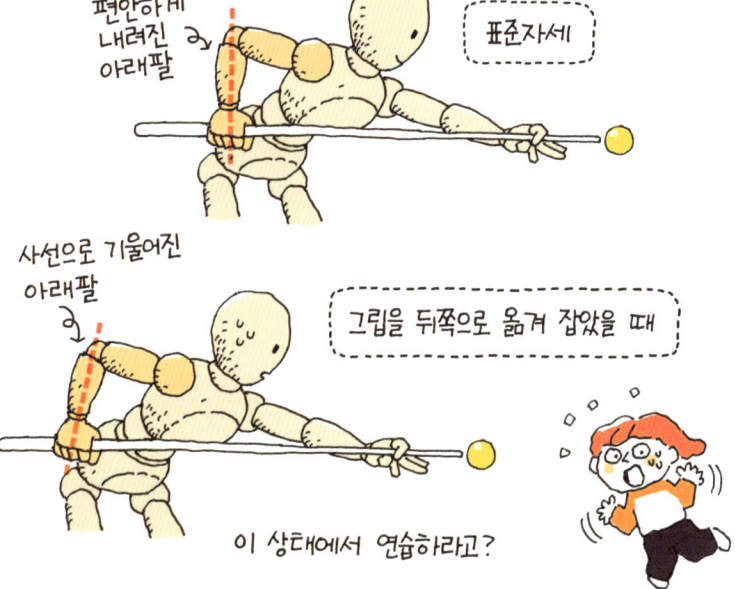

표준 브리지 간격은 약 15cm이다.

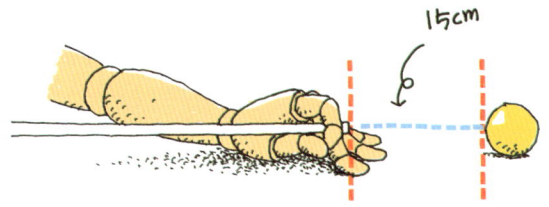

기본 스트로크 연습으로 이 브리지 거리에
익숙해졌지. 아주 지겨웠어!!

이제 이 브리지 간격을 과감하게 넓혀주자.

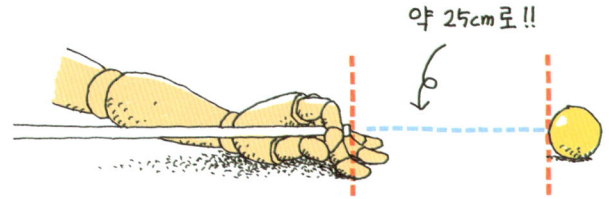

약 25cm로!!

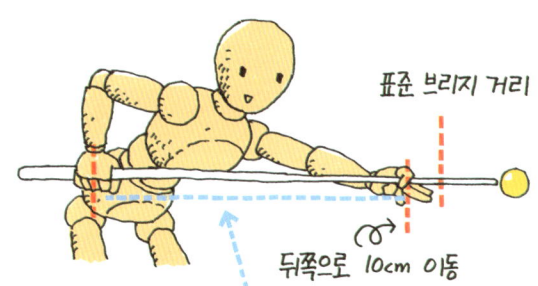

표준 브리지 거리

뒤쪽으로 10cm 이동

브리지 거리와 그립의 위치가 다시 맞춰졌다.

그립위치가 뒤쪽으로 이동한 만큼 브리지의 위치도
뒤쪽으로 이동해 주면 안정적인 자세를 취할 수 있게 된다.

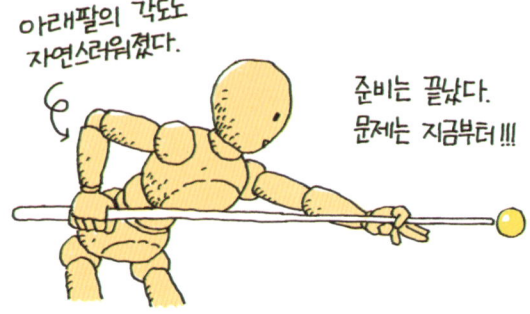

갑자기 브리지의 간격이 넓어져 조금은 백스윙이 부담스럽기는 하겠지만

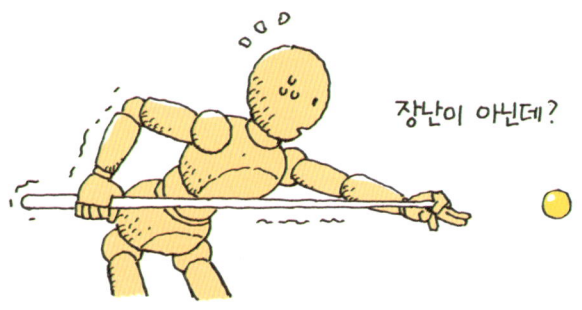

이 상태에서 큐의 끝부분이 흔들림 없이 큐볼 가까이에 다가갈 수 있도록 연습한다.

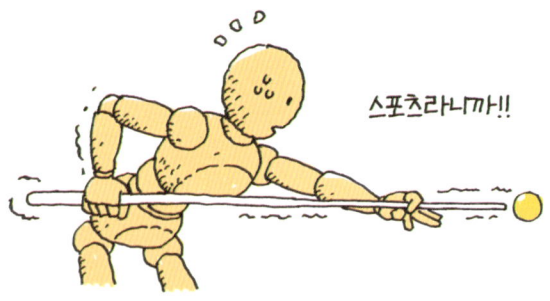

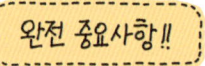

밀어치기 연습에서 가장 중요한 것은 스트로크의 속도이다.

스트로크의 시작지점과 끝 지점을 숫자로 표기해 이해해보자.

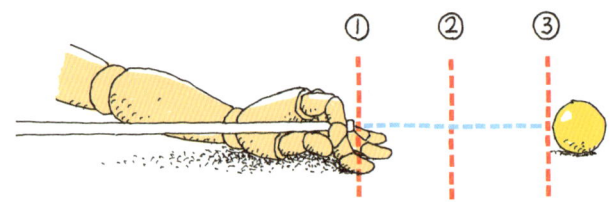

1번 지점에서 10의 속도로 출발했다면 2번 지점을 지나 3번 지점에서 멈출 때까지 10의 속도에는 어떤 변화도 없어야 한다. 이것을 등속이라고 한다.

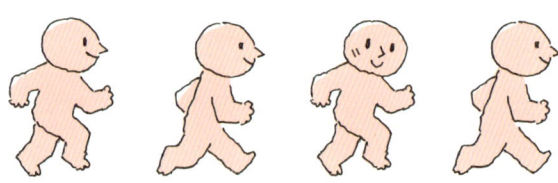

등속!! 시작 지점부터 끝 지점까지 똑같은 속도로 움직이는 것을 말한다.

1번 지점에서 5의 속도로 출발해서 2의 지점에서는 7, 마지막 3번 지점에서 10으로 멈추었다면 이것은 가속이다.

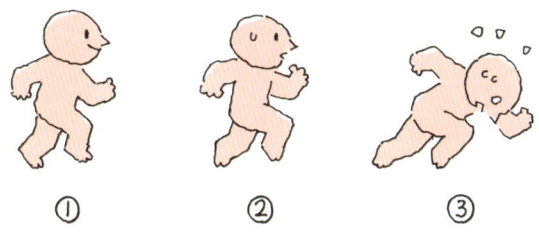

① ② ③

반대로 1번 지점에서 10의 속도로 출발, 2번 지점에서 5, 3번 지점에서 0으로 멈추었다면 감속이다.

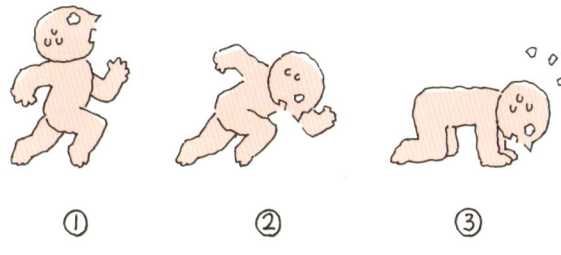

① ② ③

밀어치기에서 가장 중요한 포인트는 큐의 등속이다. 백스윙의 정점에서 큐볼의 당점까지 큐의 스피드가 변하면 안 된다. 꼭 기억해두자.

밥~ 안 먹냐?

금방 스킬이 만들어지는 게 아니니까 인내심을 갖고 틈나는 대로 연습해두자.

그렇다고 식음을 전폐할 것까지야...

### 샷의 등속과 가속의 이해

부드럽게 밀어치기 위해 필요한 샷의 속도는 등속이다.
문제는 이 샷의 등속개념이 약간은 혼란스럽다는 것.
작용 반작용의 법칙 때문이다.

샷의 출발속도를 10이라고 하자.
출발선에서 스타트를 끊고 임펙트 순간까지
10의 속도를 유지했다.

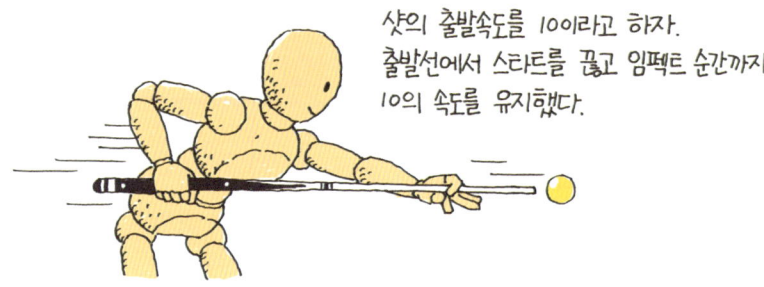

임펙트 순간이다.

이때 작용 반작용의 법칙에 의해 큐볼은 샷의 속도에 따른
힘 에너지의 절반을 샷의 반대방향으로 벼락같이 토해낸다.

이때의 샷 속도는 몇일까? 여전히 10일까??

안타깝게도 이 순간 샷 속도는 5로 뚝 떨어지고 만다.

샷의 속도 10은 힘 에너지 10과
같다고 할 때 큐볼의 반발에너지는
5가 되기 때문이다.

결국 임팩트 순간의 반발력 때문에 샷의 등속을 끝까지
유지할 수 없다는 불편한 진실이다.

과연 밀어치기는 강 건너 간 것일까?

당구인들의 도전정신은 그렇게 만만치가 않았다.

끝없는 실패와 좌절 속에서 마침내 그들은 큐볼의 반발력을
이겨내고 등속에 가까운 속도를 유지할 수 있는 비밀을
풀어헤치게 되는데…

그것은 "가속"이었다.

① 샷의 최초 출발 속도는 10이다.

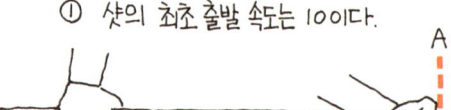

② A지점에서 B지점까지 10의 속도를 유지한다.

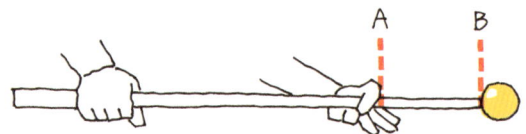

③ 임팩트 순간, 즉 B지점에서부터 반발력으로 인해 줄어드는 만큼의 속도를 샷을 가속시켜 보충해 준다.

④ B지점에서 샷의 가속으로 다시 속도는 10이 되며 C지점까지 10의 속도로 큐볼을 밀어낸다.

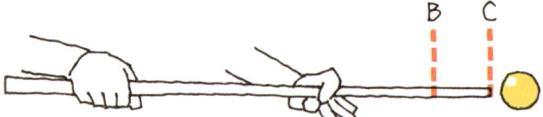

⑤ 설명 필요 없음. 굿 샷 이다.

==샷의 등속, 그것은 또 다른 가속이었던 것이다.==

임펙트 순간의 가속을 얼마만큼 정확하게 최초의 출발 속도에 가깝게 만들어 주는가가 등속샷의 키 포인트이다.

샷의 테크닉에 관한 내용은 2편에서 본격적으로 다루기로 하자.

지금은 따끈한 라떼한잔으로 배배 꼬인 머릿속을 다림질 해줄 타임이다.

밀어치기 샷을 배워 지금 당장 써먹을 수 있는 공의 배치는 무엇일까?

바로 큐볼과 제1적구가 가까이 있을 때의 45° 분리각 만들기이다.

샷이 조금만 강하거나 끊어치기가 되면 45°를 훌쩍 넘겨버리는 얄미운 배치.

임팩트 순간의 반발력이 속을 썩이는 것이지.

반발력은 내가 만들어 낸 에너지의 절반이므로 강하게 칠수록 반발력도 커진다.

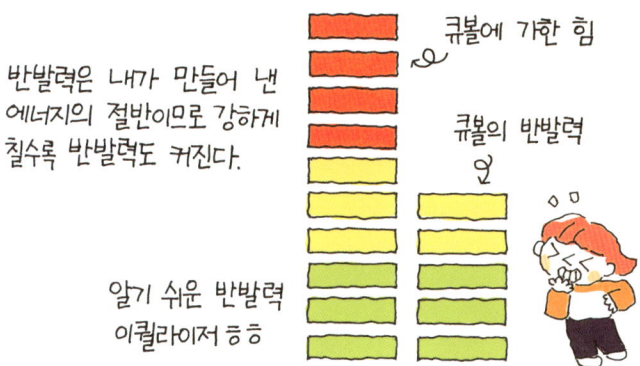

반대로 약하게 치면 그만큼 약해진다.

밀어치기의 또 하나 커다란 장점은 이 반발력조차 큐볼을 전진시키기 위한 에너지로 바꿔준다는 사실.

큐볼이 큐팁에 붙어있는 시간이 0.001초 이상이라는 것은 반발력이 없기에 가능한 것이다.

### 간단한 팁!!

4구 당구공의 무게는 약 250g이다.

약 250g

큐대의 무게는?

당구공의 무게보다 두 배 이상 무거운 510g이다.
좀더 무거운 것도 있다.

여기에 팔뚝의 힘을 더하게 되면?

무게가 각기 다른 두 물체가 충돌하게 되면
당연히 가벼운 쪽이 밀려난다.

그러니까 당구공이 잘 굴러갈 수 있도록 이미
철저하게 세팅된 상태라는 거.

무슨 엄청난 샷이 필요한 것이 아니다.
그냥 툭 쳐도 잘 굴러간다.

부드럽게 스트로크하는 걸 두려워하지 말자.

초심자의 경우 제1목적구를 맞히고 제2목적구까지 도달하지 못하고 멈추는 경우가 가끔 생긴다.

제1목적구를 너무 두껍게 맞춰서 큐볼의 힘을 모두 빼앗겼기 때문이지 샷의 힘이 모자라서가 절대 아니다.

갈기지 말자.

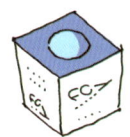

## 어떤 형태로 움직일까?

끊어치기로 친 큐볼과 밀어치기로 친 큐볼의 차이점은 뭘까?

끊어치기로 친 큐볼은 임펙트 순간 강한 반발력이 생긴다.

이 반발력의 가장 큰 문제점은 큐볼을 가볍게 만들어 출발순간 무회전 상태로 테이블을 미끄러지듯 진행하게 만든다는 것이다.

임펙트 순간 생겨난 반발력은 까칠한 성격 그대로 큐대를 밀어내려 한다.

하지만 큐대에 걸려있는 운동에너지가 훨씬 더 크기 때문에 큐대를 밀어내는 건 절대 불가능하지.

할 수 없이 녀석은 큐대밀어내기를 단념하고
자신이 총알같이 튀어 나간다.

그런데 이 깜찍한 녀석은 출발 순간 큐대만 밀어내는 게 아니다.

겁도 없이 당구대한테까지 시비를 건다.
완전 어이상실인 거지.

큐볼에 전달된 운동에너지는 질량중심점을 기준으로 모든 방향으로 작용한다.

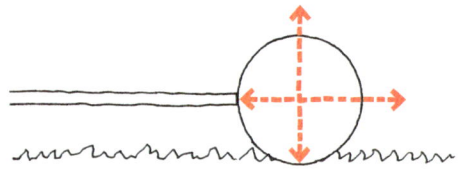

임팩트 순간 큐대뿐만 아니라 당구대 바닥까지도 반발력의 영향을 받게 된다.

때문에 저항이 없는 반대방향으로 운동에너지가 쏠리게 되어 큐볼이 공중부양하게 되는 것이다.

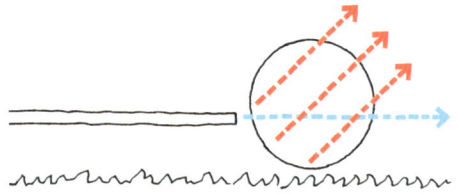

당구대 바닥을 자세히 살펴보면 흰 점들로 가득 차있다. 뭘까?

뒤로 끌어치기 하다가 바닥을 찍었다?

아니다, 큐볼의 출발 순간 당구대 바닥과의 마찰에 의해 생긴 흔적들이다.

천갈이를 방금 끝낸 완전 깨끗한 당구대에 위와 같이 공을 배치하고 맘껏 강하게 샷을 날려보자!!

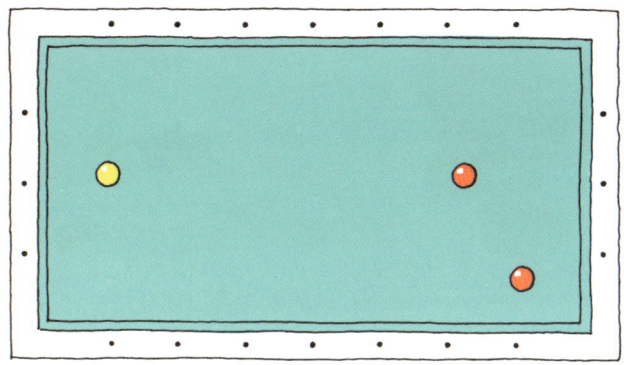

그럼 큐볼의 처음 위치에 흰점이 콱!! 찍히고 샷의 세기에 따라 한참 앞쪽에 두 번째 흰점이 또 콱!! 찍힌다.

출발 순간 바닥과의 마찰에 의해 첫 번째 흰점을 찍고 날아오른 큐볼이 힘이 딸려 떨어지면서 또 한 번 마찰력의 작용으로 두 번째 흰점을 찍는 것이다.

이처럼 끊어치기 샷은 큐볼을 불안정하게 만들기 때문에 올바른 분리각 만들기가 정말 어렵다.

여기서 고점자의 경우는 빼자, 어디까지나 그들은 몬스터!! 연습하자!! 연습!!! 아흑!!!

여기서 잠깐!!

큐볼에 전달된 운동에너지는 어떤 형태로 움직일까?

풍선에 물을 가득 채우고 뻥 차면

모양이 마구 뒤틀리면서 굴러간다.

풍선 속에 들어있는 물이 강한 충격에 의해
위아래로 마구 출렁거리기 때문이다.

터진다고? 아 놔~

강한 파도는 바위에 부딪혀
부서져버리고 말지만

반대로 부드럽게 살짝 밀어주면 동그란 모양을
유지한 상태로 굴러간다.

적당량의 충격은 물의 움직임을 한 방향으로
일정하게 유지시켜주기 때문이다.

백사장 잔물결은 오며가며
내게 이렇게 속삭이지.

당구공은 완전 딱딱하다.
아무리 강하게 친들
물풍선처럼 굴러가리.

문제는 당구공속 운동에너지는 완전 물풍선처럼 움직인다는 사실이다.

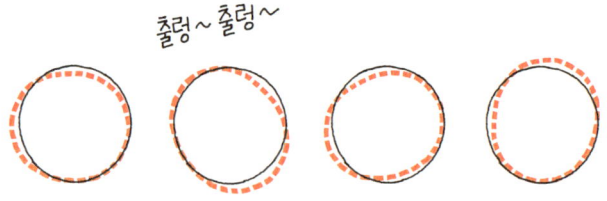

강하게 칠수록 더 많이 출렁거리겠지?

똑같은 두께로 쳐도 칠 때마다 분리각이 다르게 나타나는 이유는 큐볼 속 운동에너지의 출렁임 때문에 충돌 순간이 매번 다르기 때문이다.

이런 이유 때문에 큐볼을 강하게 치면 그만큼 컨트롤하기가 어렵다.

고점자가 강하게 치는 것은 죽어라 연습해서 자신만의 스킬을 만들었기에 가능한 것.

당구 좀 배워보려고 친구 따라가 몇 번 쳐보고는

하며 때려치우는 경우가 있는데 안타깝다.

처음으로 시도한 샷이 워낙에 고난도 샷이었던 게 문제인 거지.

쉬운 샷부터 하나씩 배워가면 뜻밖에 당구랑 금방 친해질 수 있다.

이제부터 큐볼을 물풍선이라고 생각하고 치자.

터트릴거야?

> 부드럽게 밀어치기

부드럽게 밀어치기로 쳤을 경우 큐볼은 출발 순간부터 테이블 바닥을 굴러간다.

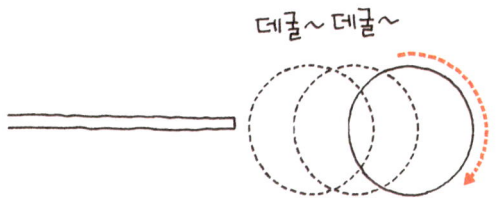

데굴~ 데굴~

임팩트 순간의 반발력이 없으므로 큐볼의 무게 또한 변화가 없기 때문에 자연스럽게 굴러가게 되는 것이다.

큐볼 속 운동에너지의 움직임도 아주 얌전해서 굴러가는 모양새도 짱이다.

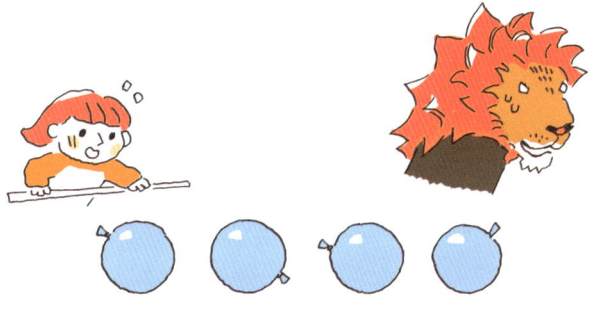

이렇게 굴러가는 큐볼은 마침내 관성질량을 얻게 되고

목적구가 가까이 있어도 큐볼이
좀 더 무겁기 때문에

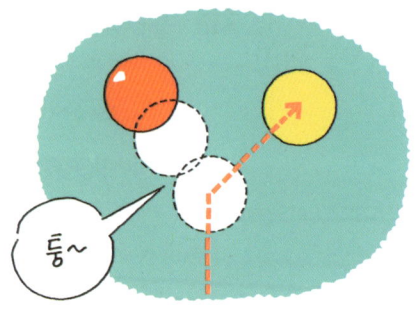

둥~

충돌 시 자연스럽게 목적구를
밀어낼 수 있게 된다.

마침내 가까운 거리에서의 45° 분리각
만들기를 성공하게 되는 것이지!!!

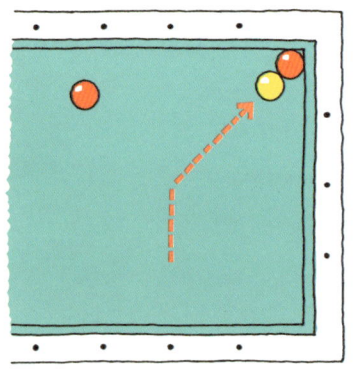

그리고 이제부터 당구는

토막 상식!!

큐팁의 모양

큐를 고를 때 큐팁 부분을 유심히 살펴보자.
모양이 참 다양하다는 사실.

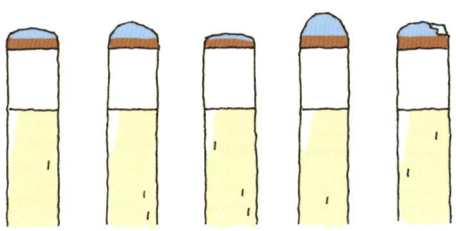

생물의 다양성이 큐팁에도 적용되고 있었다.
어째서 이렇게 제각각인 것일까?

큐팁 모양은 플레이어의 샷 습관과 관계가 있다.
하점자의 경우 거의 모든 공배치에서 비틀기를 사용한다.
꼬박꼬박 3팁 이상 주며 최대출력으로 샷을 날린다.

어디 그뿐인가?
임팩트 순간 역동적으로 큐까지 비튼다.

둥그런 모양의 큐팁은
과도한 비틀기를 주고
강하게 칠 때 만들어진다.

고점자가 사용한 큐팁을 살펴보면
부드럽게 타원을 그리는 모양이다.

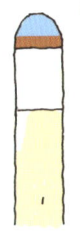

큐팁의 끝부분으로만
치기 때문에
둥그렇게 변함.
미스 큐는 또 얼마나
많았을지...

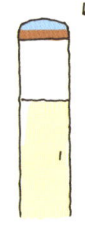

큐팁의 접점면적이
늘을 기준으로 형성되기
때문이다.

이것은 골디락스와 곰 세 마리의
먹기 좋게 식은 죽과 같다.
가장 이상적인 모양인 것.

게임이 끝난 후 큐팁 모양을 살펴보는 것만으로도
자신의 샷 습관을 알 수 있다.

이 페이지를 읽고 계시다면...

아라의 당구홀릭 1편을
정주행하셨다는 것!!!

그렇다는 것은!!

완전 재미있게 보셨다는~
쿳훗훗훗!!!

들썩~ 들썩~

돈이 아까워
일수도 있지.

본전은 뽑아야
되거덩~

2편도 기대해 주실 거죠?

완전 실전적 액기스로 꽉꽉 채울 거라는 소문이 짜해요!!! 대박~